À nos parents

L'éditeur remercie **PERLES BOX**
qui a gracieusement fourni toutes les perles
et l'ensemble du matériel utilisé pour réaliser les parures.
PERLES BOX
62, rue Beaubourg – 75003 Paris
Tél. : (33) 01 42 78 28 78
Fax : (33) 01 42 78 51 48
E-mail : PERLES.BOX@wanadoo.fr

Un grand merci également à :
FLEURTEZ, JEAN TESSIER, Fleuriste
2, rue Saint-Gilles – 75003 Paris
Tél. : 01 48 87 99 27 ; fax : 01 48 87 85 48
HOME AUTOUR DU MONDE, BENSIMON COLLECTION
8, rue des Francs Bourgeois – 75003 Paris
Tél. : 01 42 77 06 08 ; fax : 01 44 59 36 84
Patricia Lacoulonche, François Saint-Remy et Dominique Turdé.

Direction éditoriale : Christophe Savouré
Édition : Hélène Raviart
Direction artistique : Danielle Capellazzi, Isabelle Mayer
Conception graphique et mise en page : Claude Poirier
Couverture : Laurent Quellet
Stylisme : Sylvie Hooghe

Photogravure : I.G.S Charente photogravure
Imprimé par Pollina, France - n° L92733

Dépôt légal : mars 2004
ISBN : 2-215-07630-5
1re édition

15/27, rue Moussorgski
75895 Paris Cedex 18

CHRISTINE ET SYLVIE HOOGHE

PARURES DE PERLES

60 bijoux en perles de rocaille

PHOTOS : CLAIRE CURT
ILLUSTRATIONS : ISABELLE ARSLANIAN

FLEURUS

SOMMAIRE

Matériel

Les perles

Les perles des rocaille sont de petites perles en verre rondes, de 2 ou 3 mm de diamètre plus ou moins bien calibrées selon leur origine. On trouve aussi des tubes longs ou courts et des grosses perles de rocaille de 4 mm de diamètre.

Toutes ces perles existent dans de très nombreux coloris et dans différentes gammes - transparentes, opaques, sablées, métallisées, diamantées et irisées - qu'il est possible de mélanger à l'infini pour créer une multitude d'harmonies colorées. On peut tout oser, du camaïeu jusqu'aux couleurs tranchées. Faites jouer les couleurs complémentaires en petites touches. Associez d'autres perles plus grosses en cristal, en verre, en os, en céramique, en pierre, en plastique, en métal ou encore des plumes, des paillettes et des boutons…

Testez les mélanges en déposant quelques pincées de perles dans un godet ou dans le creux de votre main. Puis réalisez un enfilage sur quelques centimètres pour vérifier l'effet produit : il est parfois différent.

Les fils

Plus ou moins souples et épais, c'est le type de perles et l'effet recherché qui en détermine le choix.

Les fils de Nylon
Transparent ou de couleur, le fil de Nylon de calibre 0,35 mm est parfaitement adapté à la plupart des réalisations en perles de rocaille. Quand le fil passe 2 ou 3 fois dans les perles, prévoyez un fil plus fin (0,22 mm).

Les fils de lin ou de polyamide
Ces fils souples sont particulièrement conseillés pour la réalisation de sautoir.

Les fils à coudre polyester
Ces fils conviennent aux modèles qui allient couture et enfilage. Ils existent dans de multiples coloris.

Les fils câblés
Constitués de fils métalliques (argentés, dorés ou de couleur) torsadés et gainés de Nylon, ces fils très solides sont généralement réservés aux perles lourdes ou coupantes. Utilisés avec des perles plus légères, ils permettent de donner une certaine rigidité et de beaux arrondis.

Les fils de cuivre
Les fils de cuivre doré, argenté ou encore émaillé de toutes les couleurs sont à la fois rigides et malléables. Ils sont nécessaires à la fabrication des petits sujets (fleurs ; feuilles) et des bijoux auxquels on veut donner une forme particulière ou une certaine tenue.

Fil élastique fin
Il s'utilise surtout pour les bracelets, lorsque l'on veut éviter d'utiliser un fermoir. On trouve maintenant dans les boutiques de perles du fil élastique soit transparent (très discret) soit coloré (à assortir aux perles).

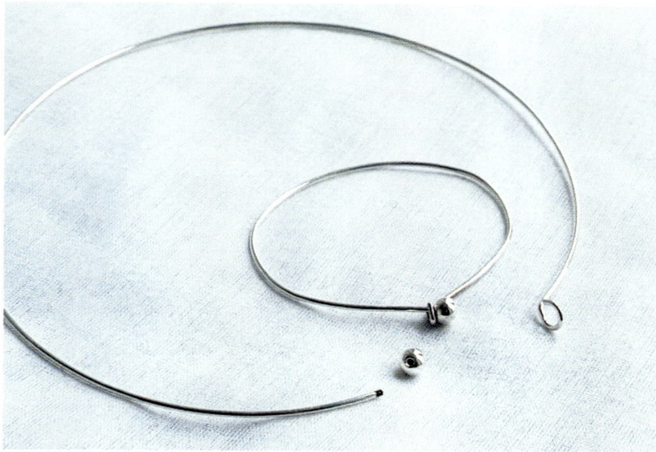

Torque et tour de poignet
La boule du fermoir de ces colliers et bracelets en métal rigide se dévisse pour permettre d'enfiler des perles - avec des trous suffisamment gros - ou des breloques montées sur tiges métalliques (voir page 13).

Les apprêts

On désigne par ce terme tous les petits accessoires qui servent à la finition des bijoux. Voici une présentation des plus fréquents.

Les fermoirs
Des plus simples aux plus fantaisie, il en existe une très grande variété aux formes et aux systèmes de fermeture les plus divers (à ressort, à cliquet...). Les modèles les plus fins conviendront le mieux aux perles de rocaille.

Les perles à écraser

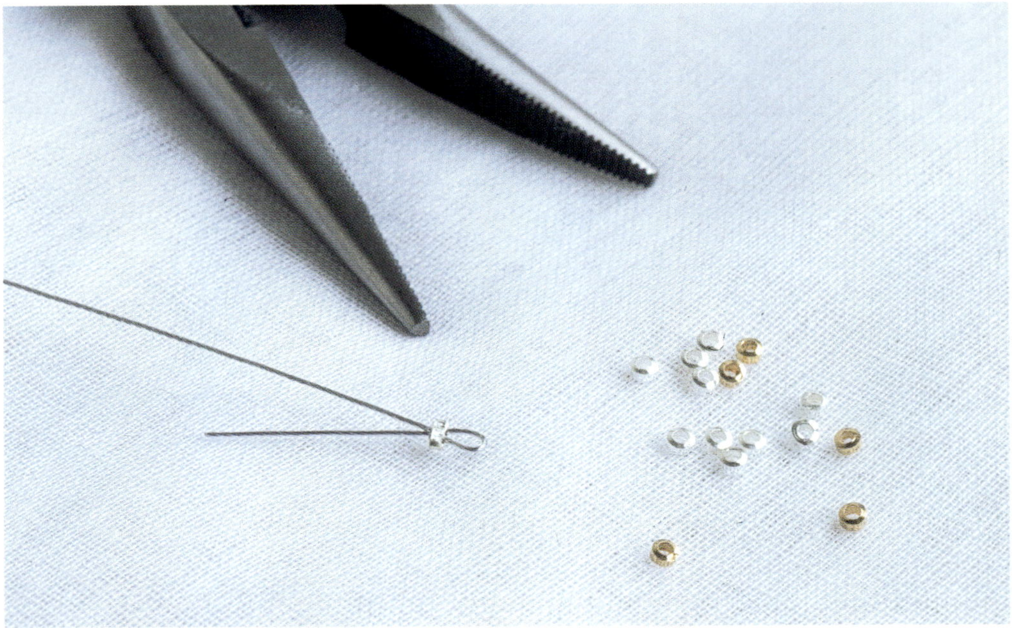

D'une grande utilité, ces perles métalliques remplacent les nœuds disgracieux sur le fil de Nylon et irréalisables sur le fil câblé. Pour les poser, reportez-vous à la page 12.

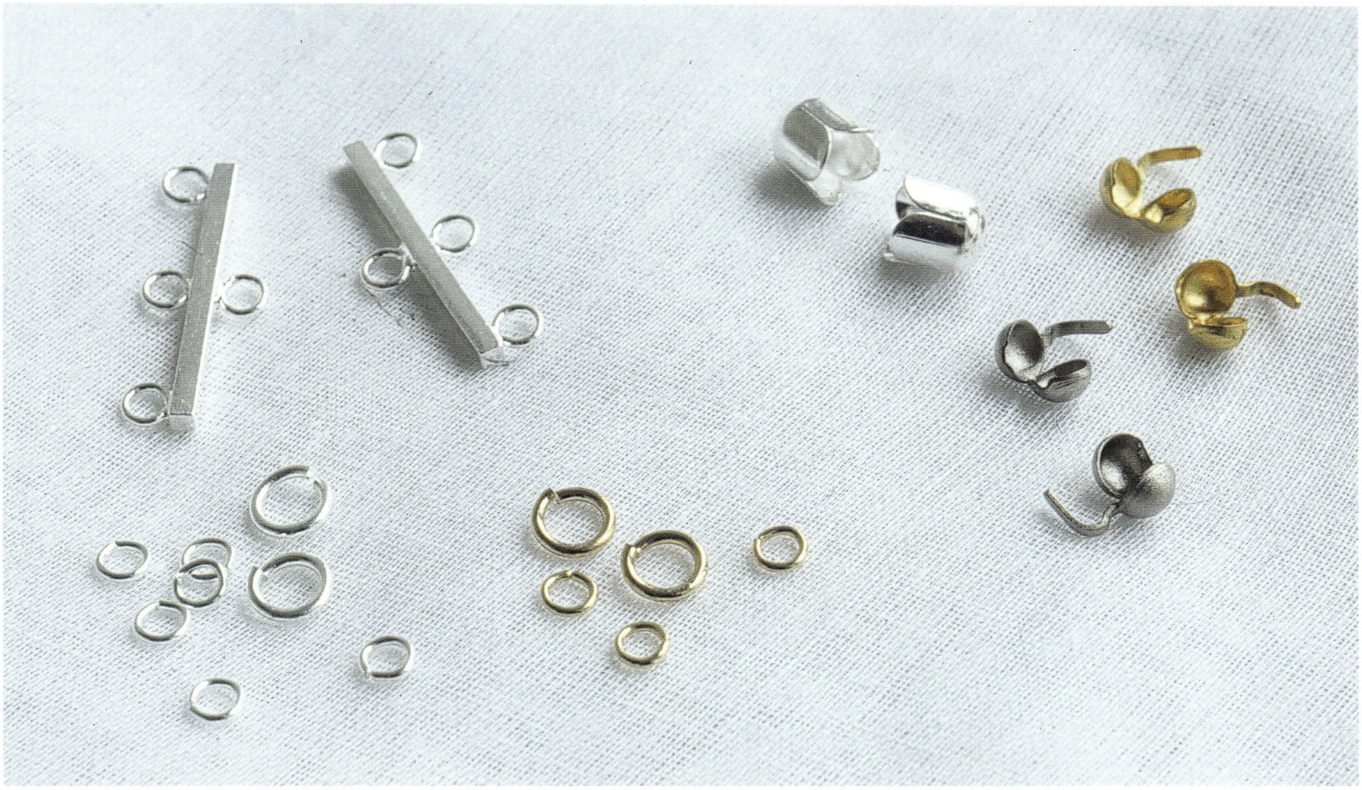

Les barrettes de raccord
Comme leur nom l'indique, elles permettent de raccorder plusieurs rangs à un fermoir simple. À la place, on peut également utiliser un fermoir multirangs.

Les tulipes
Elles servent généralement à réunir élégamment les rangs d'un même bijou avant le fermoir.
Il existe aussi des calottes ou coupelles, plus courtes, qui permettent de cacher les nœuds ou d'enchâsser une perle pour la mettre en valeur.

Les cache-nœuds
Leur nom dit tout de leur utilité ! Pour les poser, il suffit de placer le nœud encollé dans une des coupelles et de refermer l'autre par-dessus à la pince.

Les anneaux
De différents diamètres, ils articulent les bijoux et relient différents éléments entre eux.

Les tiges métalliques
Relativement souples, on les coupe et on les « boucle » facilement à la pince. À tête, elles servent à réaliser des breloques. Sans tête et bouclées à chaque extrémité, elles permettent de réaliser des bijoux articulés.

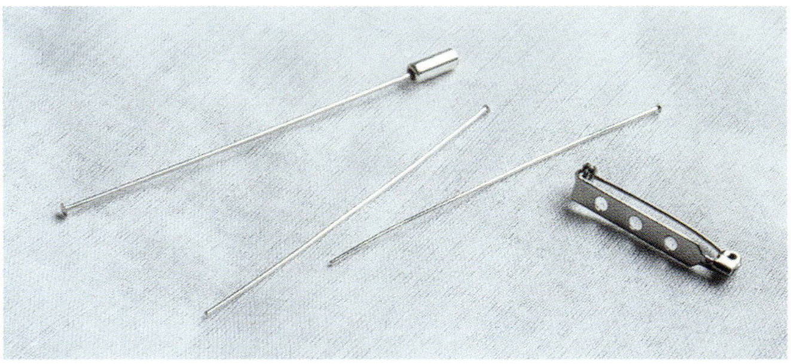

Montures et attaches diverses
On compte parmi elles les supports de broches, les épingles à chapeau (à porter comme broche), les différents modèles d'attaches de boucles d'oreilles ou les créoles.

Les pinces à bijoux

On se les procure facilement dans toutes les boutiques de perles et les magasins de loisirs créatifs. De petite taille, elles sont très maniables.

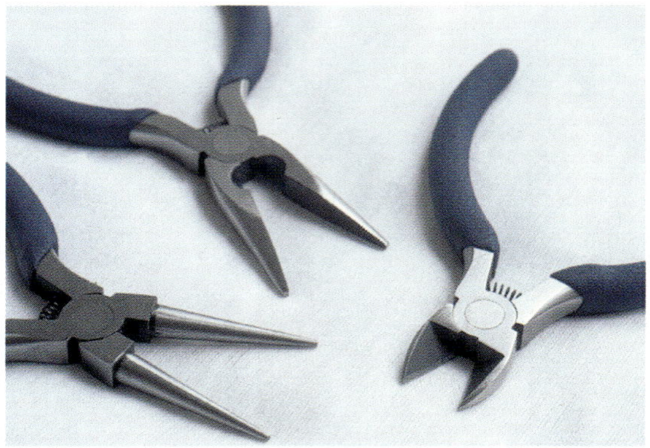

La pince coupante : on l'utilise pour couper les tiges métalliques ou le fil câblé épais.

La pince ronde : elle sert à former des boucles sur les tiges ou les fils de cuivre.

La pince plate : elle sert à maintenir les petits éléments, à ouvrir et fermer les anneaux et à aplatir les perles à écraser.

Pour les finitions qui requièrent un peu de minutie, n'hésitez pas à vous servir de la pince ronde et de la pince plate simultanément en en prenant une dans chaque main.

Les aiguilles

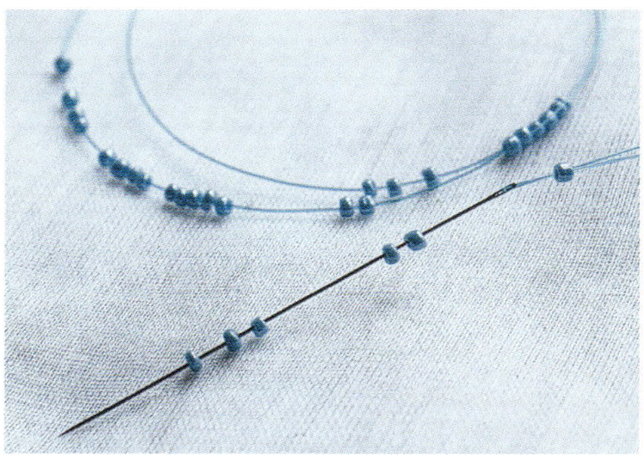

On trouve dans les magasins spécialisés des aiguilles longues et fines pour l'enfilage des perles. Elles ne conviennent qu'aux fils les plus fins. Les fils épais sont plus raides et permettent de travailler sans aiguille.

Écrasez l'extrémité du fil de Nylon entre deux incisives pour le faire passer plus facilement dans le chas.

Les adhésifs

Les colles

Deux types de colles vous seront utiles pour la réalisation de tous les bijoux.

• Colle forte à prise lente (époxy) pour les montages sur supports de bague, de broche, les attaches de boucles d'oreilles.

Astuce : pour faire des collages propres, prélevez toujours la colle à l'aide d'une épingle de couturière ou d'un cure-dent.

• Colle contact (cyanoacrylate) pour les collages précis et invisibles.

Le scotch

Utilisez du scotch de peintre pour faire des arrêts provisoires. Il ne laisse pas de trace de colle sur le fil et se déchire facilement.

Conseils

Installation

Il est important de bien s'installer, en particulier pour réaliser les modèles les plus élaborés. Privilégiez un bon éclairage. Travaillez sur un plateau sur lequel vous poserez les boîtes de perles et le bijou en cours : si par hasard une boîte de perles se renverse, les perles ne se dispersent pas.

Des bijoux adaptés

Fabriquer ses bijoux soi-même présente plusieurs avantages, dont celui de pouvoir les adapter parfaitement à la taille que l'on souhaite. Pour vous guider dans vos projets personnels, voici les longueurs approximatives de bijoux terminés (finitions et fermoir compris).

Ras de cou : 40 cm environ.
Petit collier : 50 à 60 cm.
Sautoir : 80 cm à 3 m, selon le nombre de tours prévus.
Bracelet : 17 à 20 cm, selon la largeur du poignet et la grosseur des perles utilisées.

Au cours du travail, n'hésitez pas à vous regarder dans un miroir en présentant le bijou pour vérifier l'effet rendu et les proportions. Procédez toujours à un ultime essayage avant de réaliser les finitions.

Techniques

Niveau de difficulté

Pour chaque parure, nous indiquons le niveau de difficulté. Pour vous familiariser avec le monde des perles, nous vous conseillons de commencer par les bijoux les plus simples.

- très facile
- assez facile
- plus difficile

Poser un fermoir

Avec des perles à écraser
Ce montage convient sur du fil de Nylon, du fil câblé ou du fil de cuivre.

Après la dernière perle, enfilez une perle à écraser, puis passez le fil dans un des deux éléments du fermoir. Repassez le fil en sens inverse dans la perle à écraser et dans quelques perles suivantes. Supprimez le jeu entre les perles, en vous aidant éventuellement d'une pince.

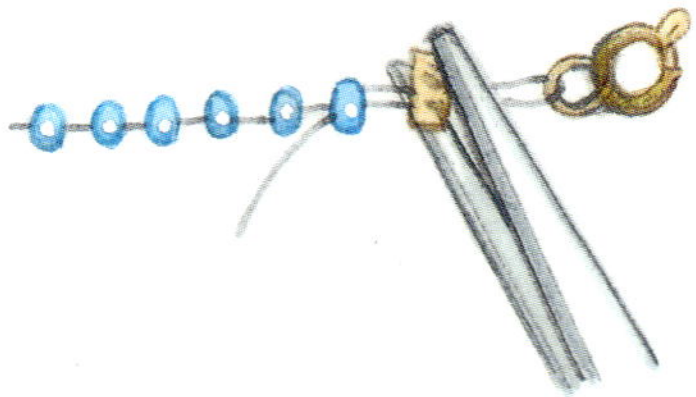

Écrasez la perle avec la pince plate. Recoupez le fil qui dépasse.

Pour embellir ce montage, il est possible d'intercaler une perle assortie à celle du bijou entre le fermoir et la perle à écraser.

Avec un cache-nœud
Cette finition s'adapte sur fil de Nylon et fil de lin ou de polyamide, et convient particulièrement pour réunir plusieurs brins.

Après avoir enfilé les perles, faites 2 ou 3 nœuds les uns sur les autres. Encollez-les, puis à l'aide de la pince plate, refermez les 2 coupelles du cache-nœud autour des nœuds. Raccordez le cache-nœud au fermoir en formant une boucle à la pince ronde.

Ouvrir et fermer un anneau

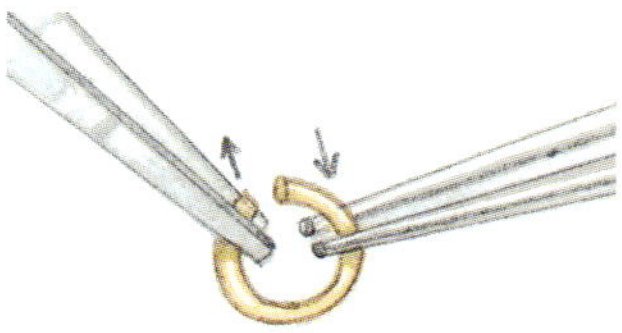

Cette manipulation est plus aisée avec 2 pinces. Pour ne pas déformer l'anneau, il vaut mieux l'ouvrir en le vrillant : tirez l'une des extrémités de l'anneau vers vous et l'autre dans la direction opposée. Refermez-le selon le même principe.

Fabriquer une chaînette
Les chaînettes sont très pratiques pour régler la taille de certains bijoux, notamment celle des tours de cou.

Raccordez simplement des anneaux les uns aux autres. L'alternance d'anneaux de deux tailles différentes crée un effet intéressant.

Breloques

Bien plus qu'un simple détail, une breloque accrochée au fermoir d'un bijou lui donne une touche d'originalité supplémentaire.

Breloque sur fil de Nylon
À l'extrémité d'un fil de Nylon, enfilez une perle à écraser, puis une rocaille. Repassez le fil dans la perle à écraser et pincez-la. Recoupez l'extrémité du fil à 5 mm. Enfilez quelques perles en veillant à emprisonner l'extrémité du fil. Finissez par une perle à écraser. Repassez le fil dans cette dernière et la ou les perles suivantes. Glissez un cure-dent ou une aiguille à laine dans la boucle ainsi formée. Tirez sur le fil pour supprimer le jeu entre les perles. Pincez la perle à écraser.

Breloque sur tige métallique

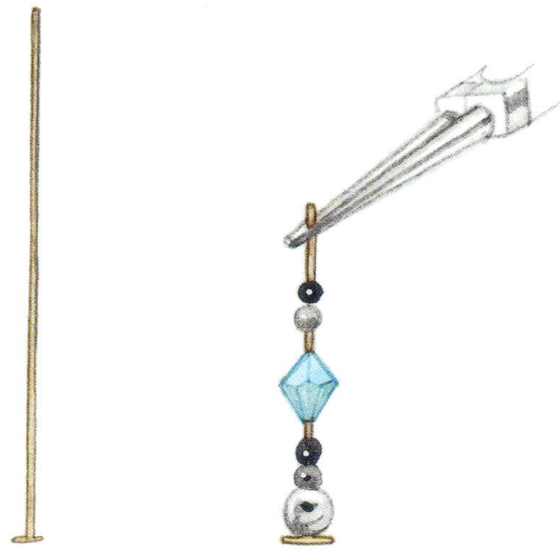

Enfilez les perles comme vous le souhaitez sur une tige à tête. À l'aide de la pince coupante, recoupez la tige environ 1 cm au-dessus de la dernière perle et formez un anneau avec la pince ronde.

Breloque sur fil de cuivre

Enfilez une perle de rocaille à 5 mm de l'extrémité du fil de cuivre, puis repliez-le. Enfilez la ou les perles de la breloque en veillant à emprisonner l'extrémité du fil. Formez une boucle autour d'un cure-dent ou d'une aiguille à laine. Enroulez le fil 2 ou 3 fois à la base de la boucle. Coupez le fil à ras. Si nécessaire, plaquez son extrémité sous les tours précédents à l'aide d'une pince.

Barrettes

Barrette sur tige métallique
Utilisez une tige à boucle ou, à l'aide d'une pince, formez un anneau à l'extrémité d'une tige dont vous aurez recoupé la tête. Enfilez les perles, puis terminez comme pour les breloques sur tiges. De telles barrettes peuvent être raccordées les unes aux autres pour réaliser des bijoux articulés.

Barrettes sur fil de cuivre
Vous pouvez les réaliser de deux manières selon la finition que vous recherchez. De chaque côté des perles, formez une boucle autour d'un cure-dent ou d'une aiguille à laine, puis emprisonnez le fil dans quelques perles avant de le recouper ; ou enroulez-le à la base de la boucle comme pour les breloques sur fil de cuivre.

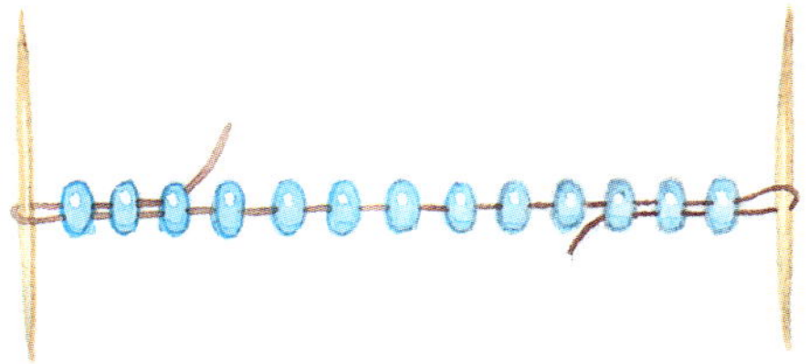

1re possibilité

2e possibilité

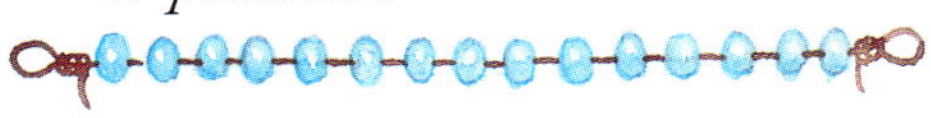

Fermer des créoles

Enfilez les perles sur l'anneau en commençant et en terminant par une perle à écraser et en laissant 2 à 3 mm libres à l'extrémité. La première perle à écraser est décorative. Pincez les perles à écraser. Encollez l'extrémité de l'anneau. Glissez-la dans l'attache. Écrasez délicatement l'attache à la pince plate.

Changer de fil

La plupart des bijoux sont réalisés avec des fils dont on peut prévoir à l'avance la longueur. Certains bijoux nécessitent cependant de grandes longueurs de fil qui risquent de s'emmêler. Dans ce cas, il vaut mieux travailler avec des aiguillées de fil plus maniables. Quand votre fil devient trop court, préparez une nouvelle aiguillée. Enfilez des perles sur le nouveau fil sur environ 1 cm. Nouez les 2 fils ensemble. Repassez les fils dans les perles avant de les couper.

Les beaux jours

Voici les beaux jours!
Les colliers de perles soulignent
les décolletés gracieux,
les bras nus s'ornent de bracelets
multicolores, les cheveux relevés laissent
découvrir de délicates
boucles d'oreilles… Toutes ces parures
aux fraîches couleurs rendent
hommage au printemps.

Camaïeux turquoise

Boucles d'oreilles

Coupez 30 cm de fil par boucle. Procédez comme pour le pendentif du collier en commençant par le bas. Quand le bijou est assez long, enfilez 1 perle à écraser, passez le fil dans l'anneau du clou, repassez-le en sens inverse dans la perle à écraser et quelques rocailles. Pincez la perle à écraser.

MATÉRIEL

- Perles de rocaille
- Éclats de pierre
- Perles à facettes
- Perles à écraser
- Fil de Nylon 0,35 mm
- Aiguille à perles
- Clous pour boucles d'oreilles

Collier

Coupez 70 cm de fil.

Pendentif

1 À l'extrémité du fil, enfilez 1 perle à écraser, 3 éclats de pierres et 1 rocaille. Repassez le fil en sens inverse dans les pierres et la perle à écraser. Pincez-la. Continuez le pendentif en ajoutant des éclats de pierre, des rocailles et des perles à facettes comme sur le dessin.

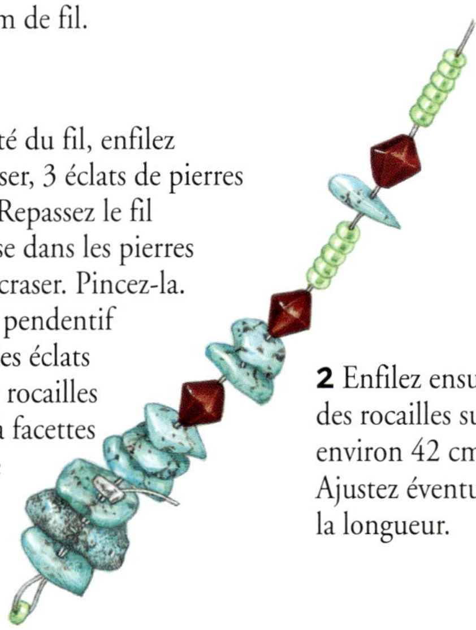

2 Enfilez ensuite des rocailles sur environ 42 cm. Ajustez éventuellement la longueur.

Attache

Enfilez 1 perle à facettes, 1 éclat de pierre et 1 perle à écraser, puis des rocailles sur 4 cm environ. Repassez le fil dans la perle à écraser et dans quelques perles. Supprimez le jeu entre les perles. Vérifiez que le pendentif passe dans la boucle avant de pincer la perle à écraser.

Bague voir page 78.

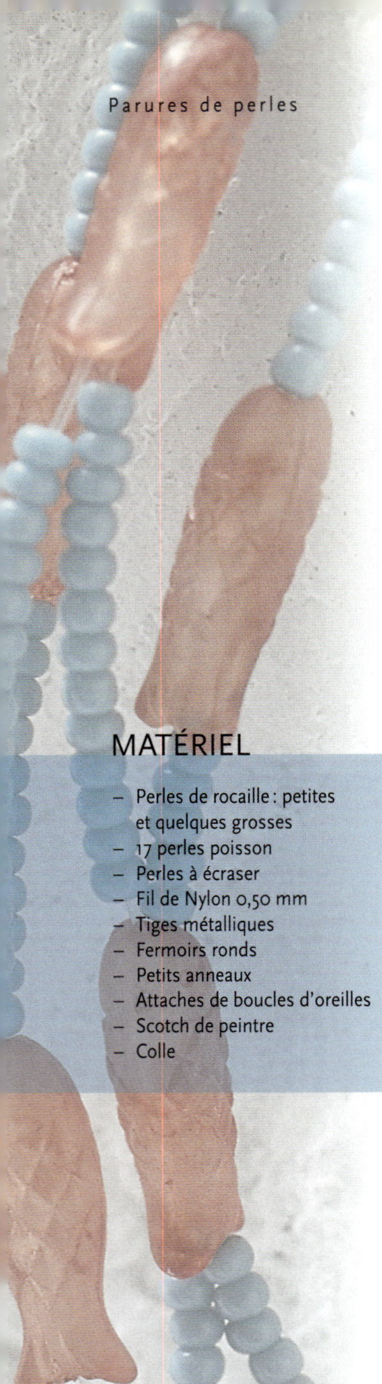

Ithaque

Collier

Coupez 4 fils de 70 cm environ.

Rang 1 : enfilez à environ 20 cm de l'extrémité du fil n° 1, des rocailles sur 5 cm environ, enfilez 4 poissons en intercalant entre chacun 1,5 cm de rocailles. Ajoutez ensuite des rocailles sur 5 cm. Bloquez provisoirement les 2 côtés de l'enfilage avec du scotch.

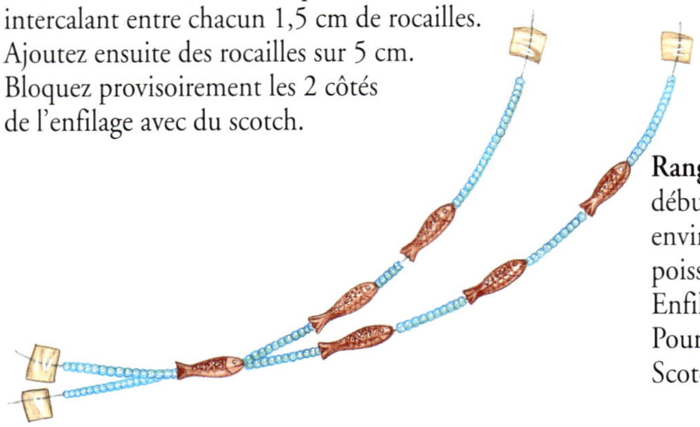

Rang 2 : enfilez à environ 20 cm du début du fil n° 2, des rocailles sur 5 cm environ. Passez le fil dans le premier poisson du rang n° 1.
Enfilez des rocailles et 2 poissons.
Pour finir, enfilez des rocailles sur 5 cm.
Scotchez les extrémités du rang.

MATÉRIEL

- Perles de rocaille : petites et quelques grosses
- 17 perles poisson
- Perles à écraser
- Fil de Nylon 0,50 mm
- Tiges métalliques
- Fermoirs ronds
- Petits anneaux
- Attaches de boucles d'oreilles
- Scotch de peintre
- Colle

Rang 3 : en procédant de la même manière, ajoutez 2 poissons de manière à compléter le motif et créez les mailles du filet en repassant le fil dans 1 ou 2 poissons des rangs précédents.

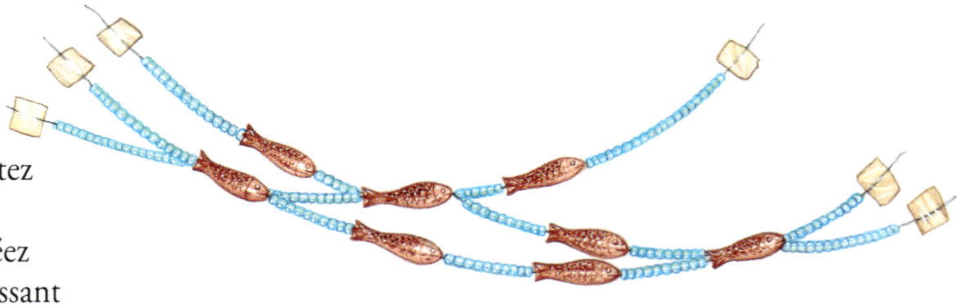

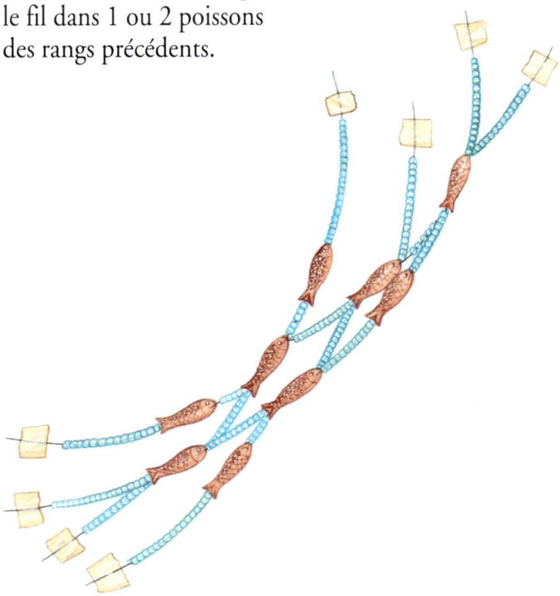

Rang 4 : placez un dernier poisson et repassez le fil dans 1 ou 2 poissons des rangs précédents.

Collier : détail du fermoir.

Pour le bracelet, les 5 breloques sur tiges métalliques sont enfilées sur environ 40 cm de fil et séparées par 3 rocailles. On a ajouté des perles de part et d'autre et intercalé 1 grosse rocaille entre l'anneau du fermoir et la perle à écraser.

Fin de l'enfilage

Complétez les rangs de part et d'autre du motif en le décentrant. Réunissez les 4 fils d'un côté avec du scotch. De l'autre côté, enfilez 1 grosse rocaille sur les 4 fils groupés. Posez 1 point de colle au ras des dernières rocailles. Glissez la grosse rocaille sur la colle. Recoupez 3 des fils à ras. Posez le fermoir avec 1 perle à écraser en intercalant 1 anneau. Supprimez le jeu entre les perles.
Procédez de la même façon de l'autre côté du collier.
Attachez 1 breloque à l'un des anneaux (voir page 13).

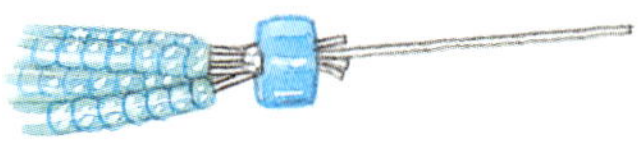

Boucles d'oreilles

Réalisez 2 breloques sur tiges métalliques (voir page 13), puis montez-les sur les attaches de boucles d'oreilles avec 1 anneau.

Ithaque

Gourmandise

MATÉRIEL

Collier
- 2 grosses perles cylindriques en verre de 2 cm de hauteur environ
- 2 perles en verre en forme de feuille ou de goutte
- Assortiment de petites perles : petites et grosses rocailles, tubes, perles cylindriques de 5 mm de hauteur environ
- 4 perles à écraser
- Fil de cuivre
- Fil de Nylon 0,22 mm
- Petit fermoir mousqueton
- Anneau
- Scotch de peintre

Boucles d'oreilles
- Attaches de boucles d'oreilles créoles de 2 cm de diamètre
- 2 perles en formes de cœur
- Petites et grosses perles de rocaille
- Perles à écraser (utilisées comme des perles)
- Fil de cuivre
- Fil de Nylon 0,22 mm
- Colle

Pour ce bracelet rigide (voir page 7) les breloques sont montées sur tiges métalliques attachées par des petits anneaux. On bloque les perles par un point de colle.

Collier

Réalisez 2 breloques sur fil de cuivre avec les perles en forme de feuille (voir page 13). Coupez 2 fils de Nylon de 1 m environ.

Première pendeloque

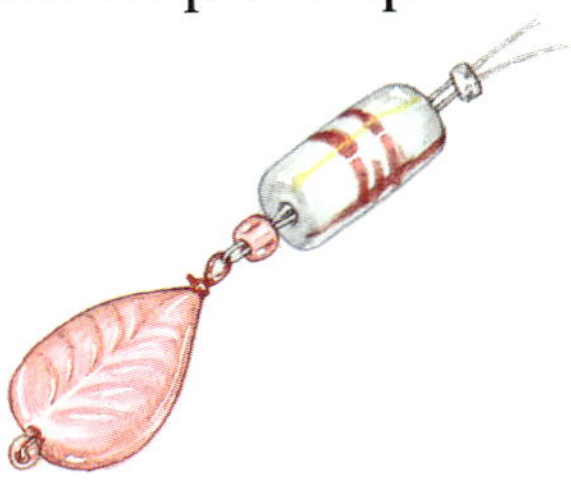

Enfilez 1 breloque au milieu d'un des fils, puis, sur les 2 brins en même temps, enfilez 1 grosse rocaille, 1 grosse perle cylindrique et 1 perle à écraser. Supprimez le jeu entre les perles et pincez la perle à écraser. Enfilez encore 2 ou 3 rocailles. Sur chaque brin, enfilez les petites perles sans chercher la symétrie sur environ 2 cm.

Jonction

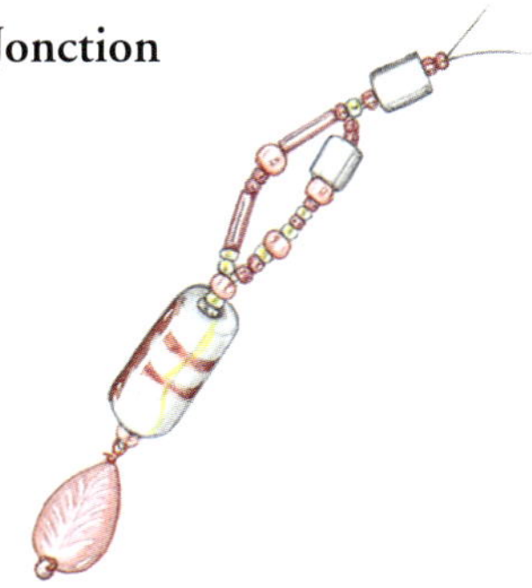

Enfilez les 2 fils dans 2 rocailles, dans une perle cylindrique puis dans 2 rocailles.

Fin de l'enfilage du premier côté

Sur 25 cm environ, enfilez alternativement des rocailles et des tubes sur chacun des brins puis, tous les 2 à 3 cm, des perles cylindriques sur les 2 brins réunis. Scotchez les fils en attente.

Deuxième côté

Selon la même technique, réalisez 1 pendeloque légèrement plus longue que la première. Réunissez les 2 brins, dans 1 grosse rocaille par exemple, passez-les dans la perle cylindrique du point de jonction et dans la rocaille suivante. Enfilez encore 1 petite rocaille sur les 2 brins avant de les séparer.
Finissez l'enfilage comme pour le premier côté, en décalant les perles cylindriques.

Finitions

De chaque côté, posez le fermoir à l'aide de perles à écraser.

Boucles d'oreilles

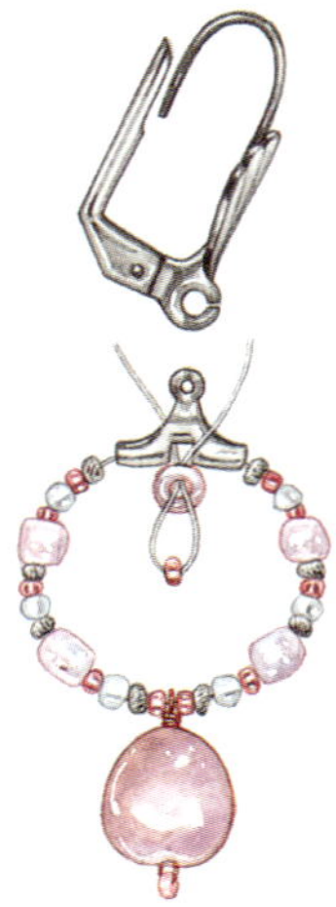

Montez les breloques comme pour le collier.
Sur chaque créole, enfilez symétriquement les perles et la breloque en commençant et terminant par 1 perle à écraser et en laissant 2 à 3 mm libres à une extrémité. Pincez la dernière perle à écraser.
Fermez la créole (voir page 14). Attachez 1 petite et 1 grosse rocaille avec un fil pour cacher le haut de la créole.
Collez le nœud au dos.
Reliez l'attache.

Satellites

Principe de l'étoile

1 Enfilez 1 perle à facettes au milieu du fil, ou en croisant les 2 brins du fil dedans si le bijou est déjà commencé. Maintenez la perle et vrillez les 2 brins ensemble.
Sur l'un des brins, enfilez 2 ou 3 rocailles et 1 perle à facettes. Séparez cette perle des rocailles. Repliez le brin et tournez la perle pour le vriller. Faites une autre branche sur le même brin, puis formez-en une quatrième sur l'autre brin.

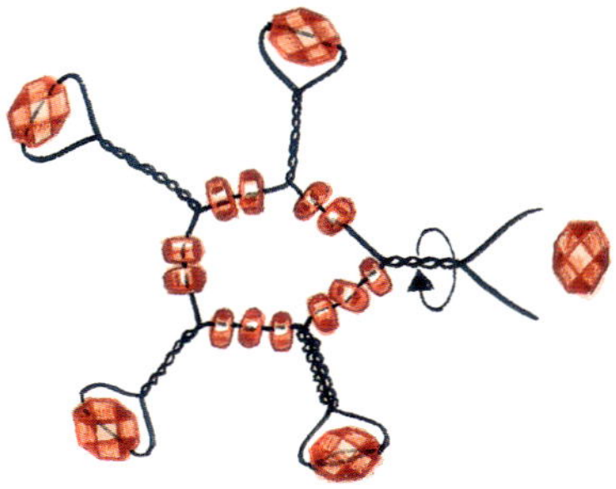

2 Enfilez 2 ou 3 rocailles sur chaque brin. Vrillez-les ensemble pour former la cinquième branche. Croisez les brins dans une perle à facettes.

Collier

1 Coupez 2,20 m de fil. Au milieu (qui correspondra à une extrémité), formez une première étoile.

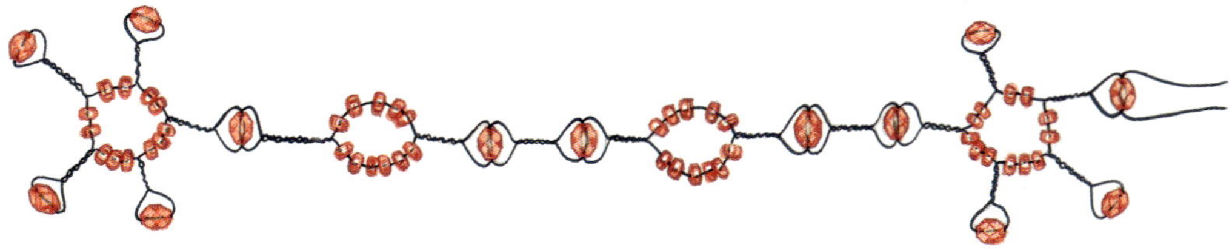

2 Vrillez les 2 brins ensemble sur 5 mm. Enfilez 6 rocailles sur un brin et 5 sur l'autre. À nouveau, vrillez les brins ensemble sur 5 mm environ. Arrondissez le motif avec la pointe d'un crayon. Croisez les brins dans 1 perle à facettes, puis vrillez sur 5 mm. Croisez les brins dans 1 perle à facettes, puis vrillez sur 5 mm. Formez un rond puis vrillez sur 5 mm. Croisez les brins dans 1 perle à facettes, puis vrillez sur 5 mm.

3 Poursuivez en faisant 10 étoiles à la suite : la perle de la cinquième branche d'une étoile correspond à la perle de la première branche de l'étoile suivante.

4 Finissez par les mêmes motifs qu'au début : 1 perle à facettes, 1 rond, 2 fois 1 perle à facettes, 1 rond, 1 perle à facettes.

MATÉRIEL

- Perles de rocaille
- Perles à facettes
- Fil de cuivre
- Attaches de boucles d'oreilles : clous de préférence

Bague voir page 76.

Détail du fermoir.

5 Vrillez sur 2 cm. Croisez les brins dans une perle à facettes, puis vrillez-les en sens inverse et coupez-les à l'aide d'une pince. Formez un crochet.

Passez ce crochet dans la première étoile pour fermer le collier.

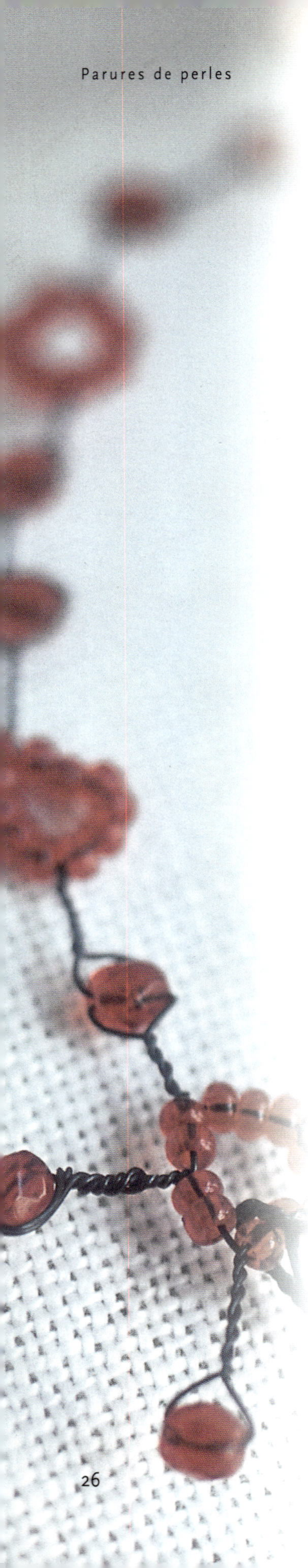

Bracelet rouge

Coupez 1,50 m de fil. Procédez comme pour le collier sans utiliser de rocailles. Formez 8 étoiles à la suite. Faites le crochet en croisant les brins de fil dans 3 perles à facettes en vérifiant au préalable que ces 3 perles passent dans le centre de la première étoile. Vrillez les brins de fil en sens inverse. Coupez-les avec une pince.

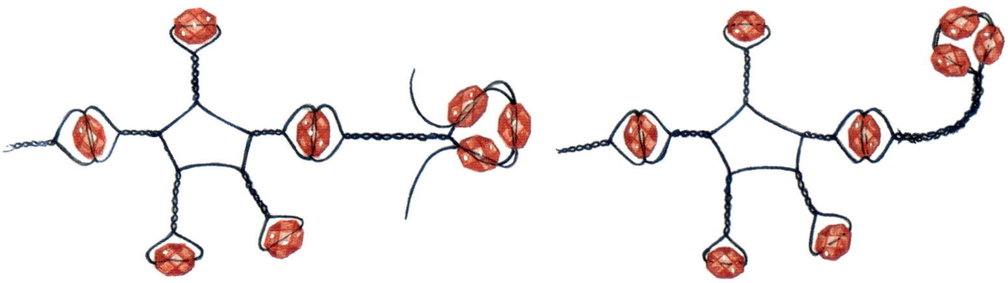

Bracelet rouge et vert

1 Choisissez des perles à facettes de 5 couleurs différentes : une pour chaque branche des étoiles, par exemple orange, rouge, jaune, vert vif et vert-jaune. Commencez par un rond : enfilez 13 perles au milieu du fil et vrillez les 2 brins sur 5 mm. Arrondissez le motif, avec la pointe d'un crayon.

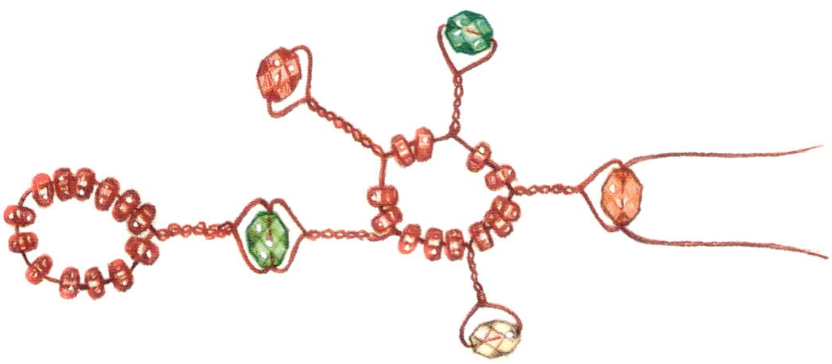

2 Réalisez 7 étoiles à la suite comme pour le collier. Terminez par un crochet identique à celui du bracelet rouge.

Boucles d'oreilles

1 Coupez 30 cm de fil. Enfilez le clou au milieu du fil. Vrillez 2 fois les brins.

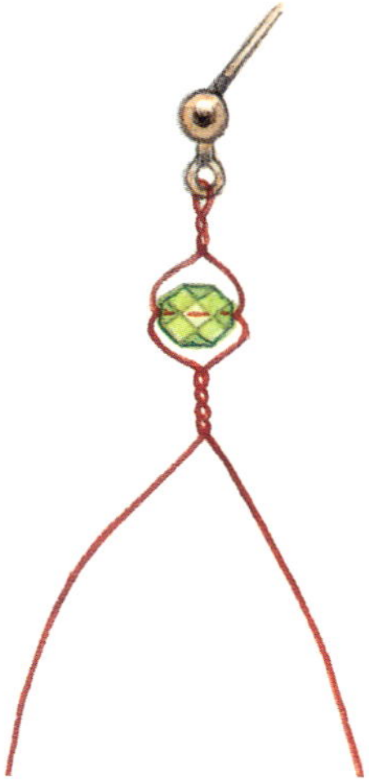

2 Formez une étoile. Vrillez les brins de fil en sens inverse sur la dernière branche. Coupez-les à ras à l'aide d'une pince.

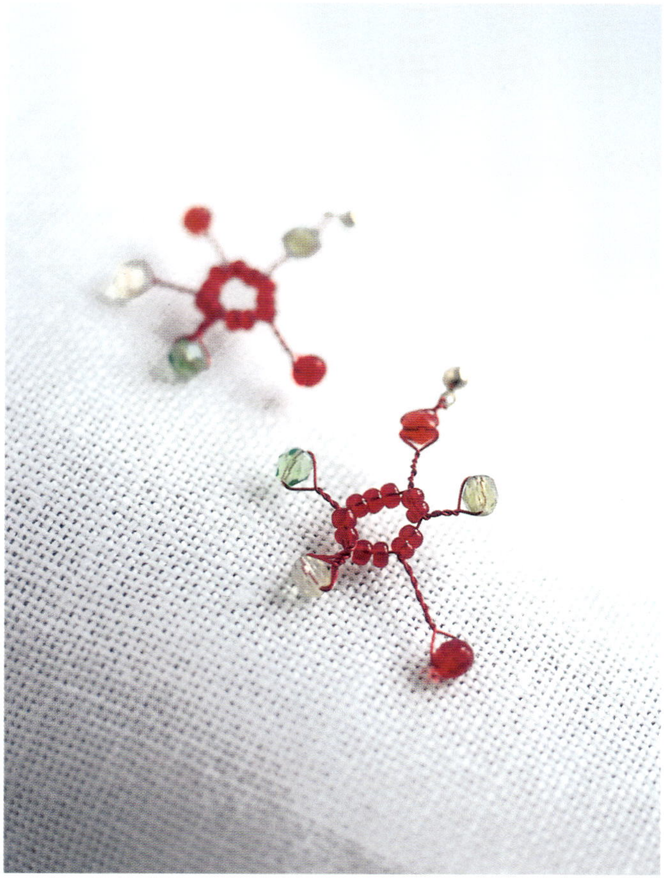

De nacre et de corail

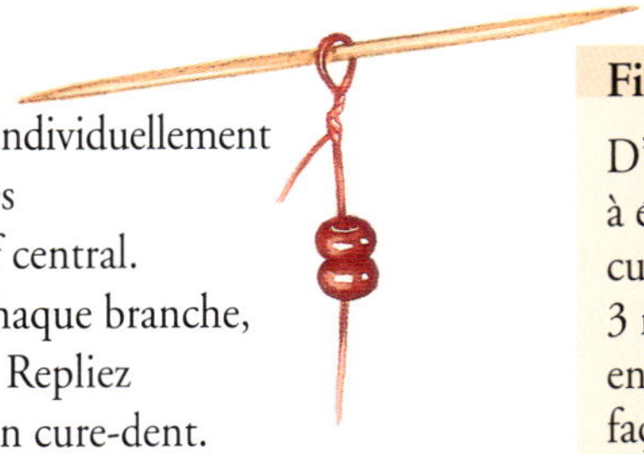

Commencement

Les branches de corail sont réalisées individuellement en commençant par les plus longues pour faciliter l'équilibrage du motif central.
Selon la longueur souhaitée pour chaque branche, coupez 20 à 60 cm de fil de cuivre. Repliez l'extrémité de chaque fil autour d'un cure-dent.
Vrillez 2 fois et recoupez l'extrémité à la pince à 3 mm environ.

Grandes branches : enfilez les perles rouges et 1 petite perle façon culture sur environ 8 cm pour former l'axe principal. Terminez par une perle ronde et repassez le fil en sens inverse sur environ 2 cm. Aidez-vous d'une pince pour supprimer le jeu entre les perles sans raidir trop l'ensemble.
Enfilez 3 cm de perles en finissant par 1 rocaille. Remontez. Enfilez 1 cm de perles. Remontez au niveau de l'axe principal et formez les autres rameaux de la même manière. Mettez la branche en forme au fur et à mesure. Coupez à ras après le dernier rameau.

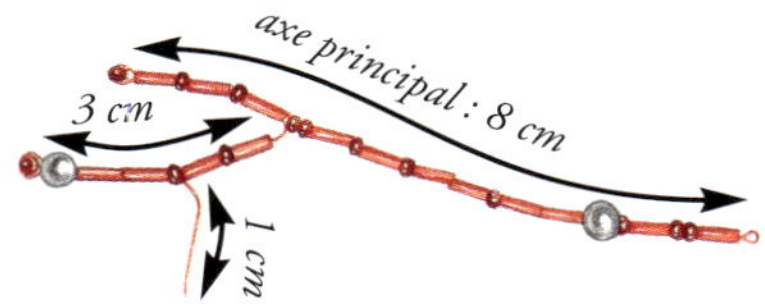

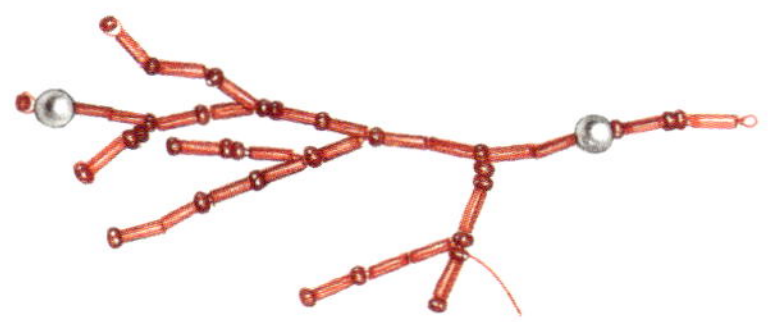

Formez une autre branche quasiment aussi longue, puis 4 branches un peu plus courtes (6 cm de hauteur environ) en plaçant une perle façon culture de 8 mm sur l'une de ces dernières.
Disposez harmonieusement les 6 branches.

Petites branches : comme précédemment, mais sans perles façon culture, réalisez 7 ou 8 branches de 2,5 à 3 cm de hauteur, 2 pour chaque côté, les autres pour combler les espaces.

Enfilage

Sur le fil câblé, enfilez des perles et les branches de corail dans l'ordre décidé en les espaçant de 1 cm environ. Poursuivez l'enfilage de part et d'autre jusqu'à la bonne longueur.

Finitions

D'un côté, enfilez 1 perle à écraser, 1 perle façon culture de 8 mm et 3 rocailles. Repassez le fil en sens inverse, dans la perle façon culture, la perle à écraser et dans quelques rocailles. Supprimez le jeu entre les perles. Pincez la perle à écraser.
De l'autre côté, enfilez 1 perle à écraser, puis suffisamment de rocailles pour former une boucle adaptée à la taille de la perle façon culture. Repassez le fil dans la perle à écraser et les quelques perles suivantes. Tirez pour éliminer le jeu entre les perles tout en veillant à garder une certaine souplesse. Pincez la perle à écraser.

Fermoir du collier.

MATÉRIEL

- Perles de rocaille et tubes rouges
- Perles façon culture : une dizaine de 4 mm de diamètre et 2 de 8 mm de diamètre
- 2 perles à écraser
- Fil de cuivre rouge
- 60 cm de fil câblé fin
- Cure-dent

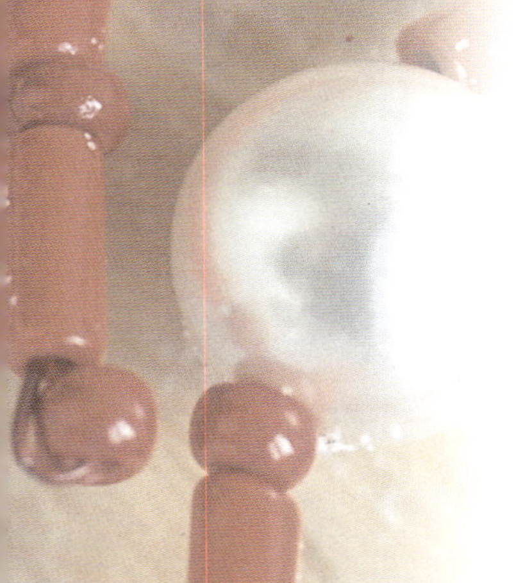

Bague voir page 77.

MATÉRIEL

- Perles de rocaille
- Tubes
- Perles façon culture de 4 mm de diamètre
- Strass à coudre
- Fil de Nylon 0,35 mm
- Fil de cuivre de couleur
- Colle

collier

- Petites perles argentées
- Perles à écraser
- Une douzaine de petits anneaux
- Fermoir rond
- Tige métallique

Broches

- Petites épingles de nourrice (2 cm de longueur environ) ou épingles à chapeau

Finitions du collier photographié ci-contre.

Jardin de perles

Coccinelle

Coupez 50 cm de fil de Nylon. On commence par la tête. Pour le 1er rang, enfilez 2 perles noires au milieu du fil. Pour chaque rang suivant, enfilez les perles sur l'un des brins et repassez l'autre brin en sens inverse dans les perles. Tendez bien les fils à chaque rang et aidez les perles à se placer tantôt dessus, tantôt dessous. Enfilez le dernier rang sur un seul brin et nouez les 2 brins sur le côté. Rentrez les fils dans la coccinelle.
Posez un point de colle sur le nœud.

n = perles noires métallisées
r = perles rouges

	dessous	dessus
1er rang	2 n	
2e rang		3 n
3e rang	3 n	
4e rang		5 r
5e rang	5 r	
6e rang		1 r 1 n 2 r 1n 1 r
7e rang	6 r	
8e rang		3 r 1 n 3r
9e rang	7 r	
10e rang		1 r 1 n 2 r 1 n 1 r
11e rang	5 r	
12e rang		4 r
13e rang	2 r	

Petite broche-trèfle (montage voir page 33).

Trèfle

1 Utilisez des perles de 2 tons de vert et 50 cm de fil de cuivre par feuille. Pour le 1er rang, pliez le fil en U et enfilez 1 perle. Pour les 4 rangs suivants, enfilez les perles sur l'un des brins et repassez l'autre brin en sens inverse.

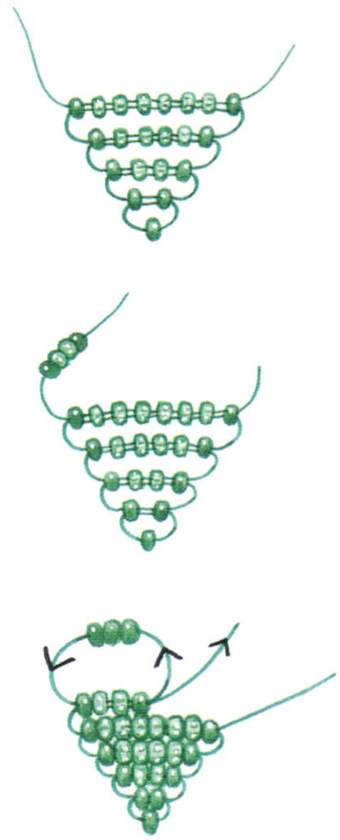

Pour les lobes, enfilez 4 perles sur l'un des brins, plaquez-les contre le rang précédent et enfilez 3 autres perles. Repassez le fil dans les 4 premières perles. Procédez de la même manière sur le 2e brin.

Pour attacher le pendentif à un collier, glissez-le sur le fil avant d'enfiler des perles de part et d'autre (montage du pendentif voir page 33).

2 Vrillez les 2 brins. Glissez l'un d'eux entre les 2e et 3e rangs, puis l'autre entre les 1er et 2e rangs. Réalisez 3 autres feuilles.

3 Attachez les feuilles les unes aux autres en vrillant 2 fois un brin de chaque feuille avec un brin de la feuille adjacente. Rassemblez les 8 brins sous les feuilles et vrillez-les tous ensemble en 2 ou 3 tours.

4 Mettez les feuilles en forme. En guise de goutte de rosée, attachez 1 strass ou 1 perle avec du fil de Nylon. Nouez sur l'envers, collez le nœud.

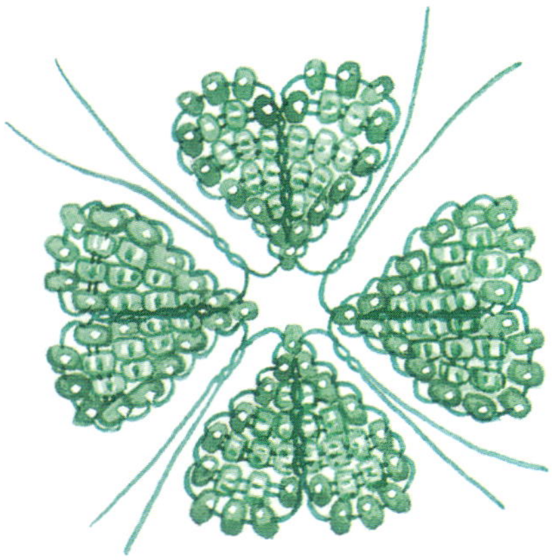

Petites fleurs

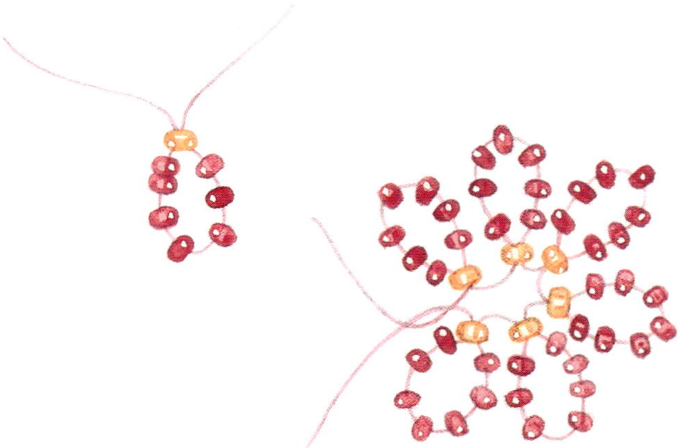

1 Coupez 50 cm de fil de cuivre. Réalisez le premier pétale à 15 cm de l'une des extrémités : enfilez 1 perle d'une couleur, puis 5 ou 7 perles d'une autre couleur. Formez une boucle en repassant le fil dans la première perle. Pour chaque fleur, formez ainsi 6 boucles accolées. Fermez en rond en vrillant 2 fois les 2 brins.

2 Amenez l'un des brins entre les 2 pétales opposés à la vrille. Enfilez 1 perle de 4 mm et placez-la au centre de la fleur. Vrillez à nouveau les 2 brins 2 ou 3 fois.

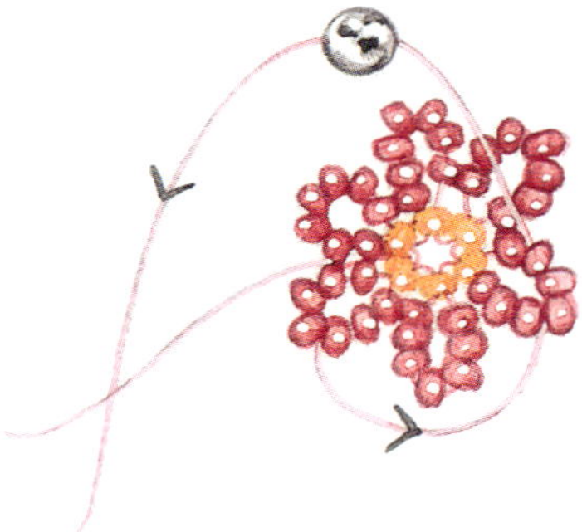

Marguerite

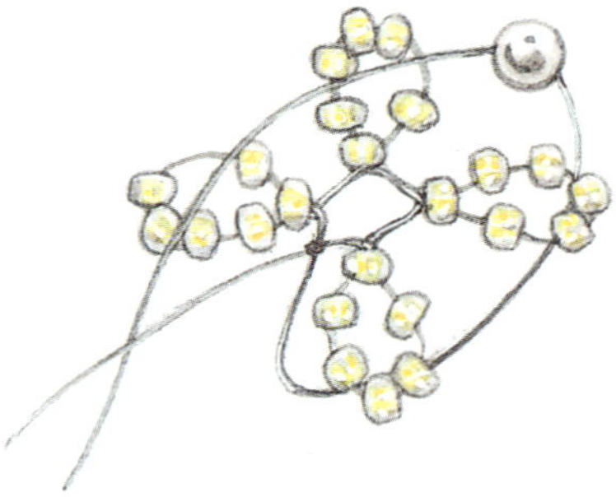

Réalisez le cœur comme les petites fleurs : 4 boucles de 6 perles jaunes au total, puis fixez une perle de 4 mm au centre.
Ensuite, avec un fil de cuivre de 60 cm, selon le même principe, réalisez 8 pétales avec des rocailles jaunes, des perles et des tubes diamantés. Fermez en vrillant. Glissez les brins du cœur au centre des pétales. Fixez le cœur à l'aide d'un des 4 brins, puis vrillez-les tous ensemble 2 ou 3 fois.

Petite broche-marguerite.

Montage des bijoux

Broches

1 Recoupez les brins de cuivre du trèfle (ou de la marguerite) à 5 cm des feuilles environ. Entourez-les d'un fil de cuivre de 60 cm environ : commencez à la base des feuilles et bloquez l'extrémité du fil sous les premiers tours. Arrivé à quelques millimètres de l'extrémité de la tige, repliez-la avec une pince. Enroulez à nouveau le fil en remontant sur 1 à 1,5 cm. Fixez la coccinelle en passant le fil entre les rangs de dessous. Arrêtez le fil en faisant plusieurs tours entre la tige et la coccinelle.

2 Reprenez un fil de cuivre de 20 cm. En 1 ou 2 tours, fixez-le à la base des feuilles, à 5 cm de son extrémité. Plaquez cette extrémité libre contre la tige et enroulez le fil autour en le passant en même temps dans la boucle de l'épingle de nourrice. Continuez l'enroulement sur toute la longueur de l'épingle. Vrillez les 2 extrémités du fil ensemble. Recoupez-les et repoussez-les sous la coccinelle.

Pendentif

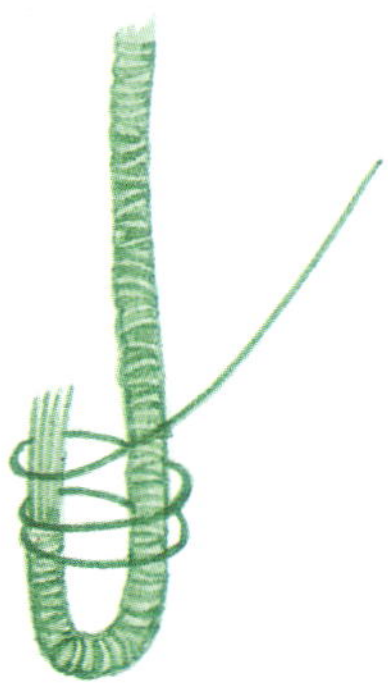

Procédez comme pour les broches, en recoupant les brins de fil de cuivre à 5 cm environ des feuilles du trèfle. Enroulez le fil jusqu'à 5 mm environ de l'extrémité de la tige. Tordez la tige en boucle à l'aide d'une pince, puis continuez à enrouler le fil en remontant. Attachez la coccinelle et arrêtez comme pour les broches.

Épingle à chapeau

1 Préparez 1 trèfle et 3 petites fleurs. Pour la tige la plus haute, enfilez une quinzaine de perles sur les 2 brins de fil de cuivre dépassant de la fleur. Recoupez-en un au ras de la dernière perle. Enfilez 2 nouvelles perles. Faites une boucle autour de la dernière.

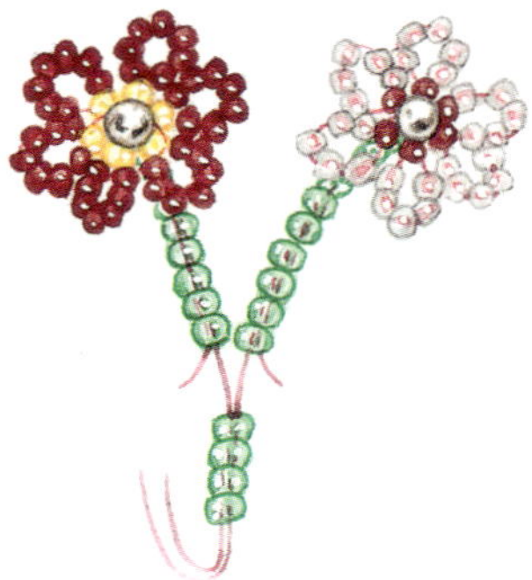

2 Pour chacune des 2 autres fleurs, enfilez 7 ou 8 perles sur les 2 brins puis recoupez l'un d'eux. Réunissez les fleurs par leurs fils en y enfilant 4 perles. Recoupez les fils environ 1 cm après la dernière perle et repliez-les par-derrière.

3 Recoupez les brins de cuivre du trèfle à 5 cm environ des feuilles. Commencez à les réunir en enroulant un fil de cuivre comme pour les broches et en fixant en même temps l'épingle à chapeau sur 1 cm. Continuez en n'entourant que les fils. Fixez le bas de la tige de la première fleur, puis la tige commune des 2 autres fleurs. Arrivé à quelques millimètres de l'extrémité de la tige, repliez-la. Enroulez à nouveau le fil en remontant et arrêtez-le en le dissimulant sous les perles des tiges des fleurs.

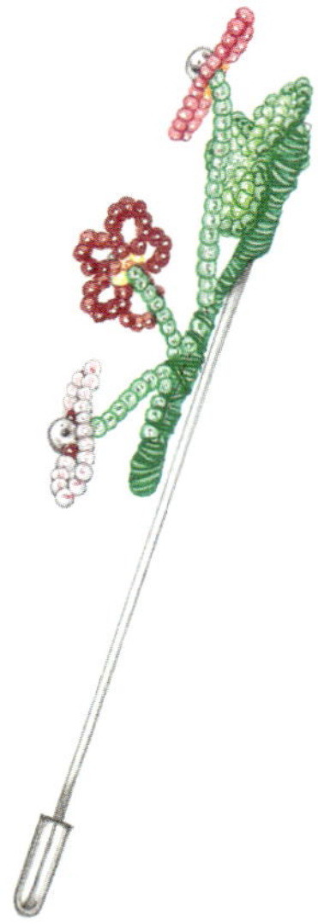

L'heure bleue

L'heure bleue est un instant précieux et fugace où le temps semble suspendu comme par magie. Ce moment qui précède l'aube est riche de mille nuances… Profond comme un ciel nocturne ou limpide comme l'aurore, le bleu devient parure et compose au fil des perles une symphonie d'azur.

Évanescence

Collier

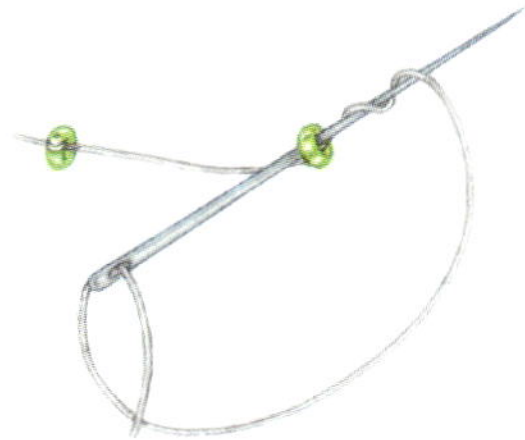

MATÉRIEL

- Perles de rocaille vertes, perles à facettes vertes et bleues, perles forme toupie en cristal vert
- Perles à écraser
- Fermoir multirangs
- Fil de Nylon 0,35 mm
- Scotch de peintre
- Aiguille à perles

1 Travaillez sur un plateau rectangulaire. Coupez 9 fils de 70 cm. Enfilez 1 rocaille verte à environ 13 cm de l'extrémité du fil, faites un nœud dans la perle. Placez une deuxième perle à environ 1 cm de la première. Faites un nœud de la même façon. Continuez sur tout le fil en arrêtant à 13 cm de la fin. Scotchez les deux extrémités du fil sur les rebords du plateau sans le tendre complètement.

2 Montez de la même façon 4 autres fils de rocailles vertes, 1 fil de rocailles bleues, 1 fil de perles à facettes vertes, 1 fil de perles à facettes bleues, 1 fil de perles de cristal. Scotchez-les au fur et à mesure les uns à côté des autres.

3 À l'aide de perles à écraser, attachez les fils 3 par 3 aux anneaux du fermoir en intercalant 1 rocaille verte à chaque fois. Recoupez les fils.

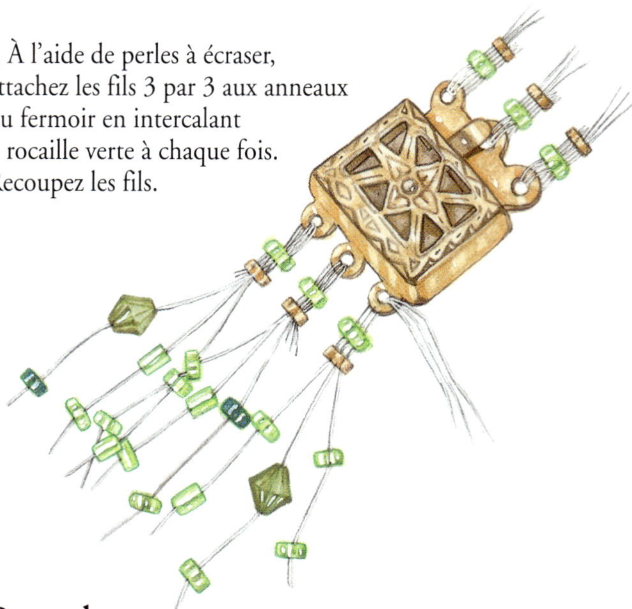

Bague voir page 79.

Bracelet

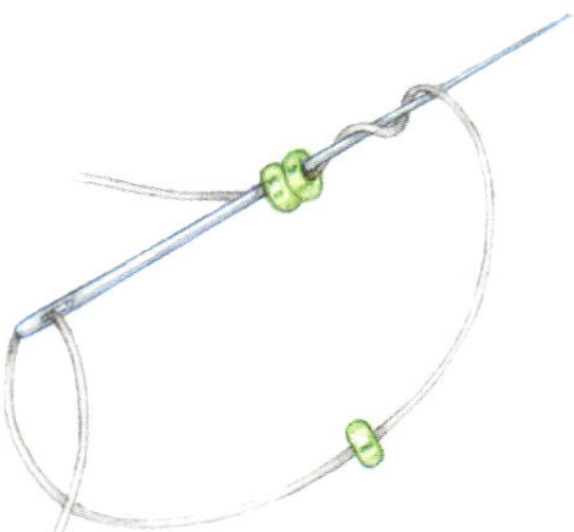

Coupez 9 fils de 60 cm. Procédez comme pour le collier. Les rocailles vertes sont nouées par 3.

Aigue-marine

Franges

Longues franges x5 — *Franges moyennes x2* — *Franges courtes x2*

Bague voir page 77.

MATÉRIEL

- Perles de rocaille : bleues et vert d'eau
- Petites perles métalliques argentées (environ 80)
- 10 perles forme toupie en cristal turquoise (7 mm de hauteur environ)
- 21 perles forme toupie en cristal bleu ciel (7 mm de hauteur environ)
- 21 perles forme toupie en cristal vert (7 mm de hauteur environ)
- Perles à écraser
- Fermoir
- Anneau
- Fil de Nylon 0,35 mm
- Fil câblé
- Aiguille à perles

1 Travaillez avec un long fil de Nylon que vous remplacerez quand il sera devenu trop court. À l'extrémité, enfilez 1 perle à écraser, puis 1 rocaille bleue. Repassez le fil dans la perle à écraser et pincez-la. Recoupez l'extrémité du fil à 5 mm et veillez à l'emprisonner dans les premières perles. Enfilez les perles selon les schémas en finissant par 1 perle à écraser et 1 rocaille bleue. Repassez le fil en sens inverse. Supprimez le jeu entre les perles. Pincez la perle à écraser et recoupez le fil à ras.

Enfilage du collier

En serrant, les franges chevauchent.

2 Coupez 60 cm de fil câblé. Enfilez les 5 longues franges en passant le fil dans les 3 perles du milieu et en intercalant 2 rocailles bleues entre chaque frange. De part et d'autre, enfilez les franges raccourcies en veillant à les placer dans le sens décroissant.

3 Poursuivez l'enfilage de chaque côté jusqu'à la bonne longueur en alternant les couleurs et en intercalant des perles toupies. Posez le fermoir à l'aide de perles à écraser (voir page 12). Agrémentez-le d'une breloque si vous le souhaitez (voir page 13).

MATÉRIEL

- Perles de rocaille marron, mordorées, turquoise
- Paillettes turquoise et irisées
- Perles à écraser
- Fermoir rond
- Fil de Nylon bleu 0,35 mm
- Scotch de peintre

Reflets précieux

1 Coupez 80 cm de fil de Nylon pour le fil principal et 25 fils d'environ 25 cm pour les franges.

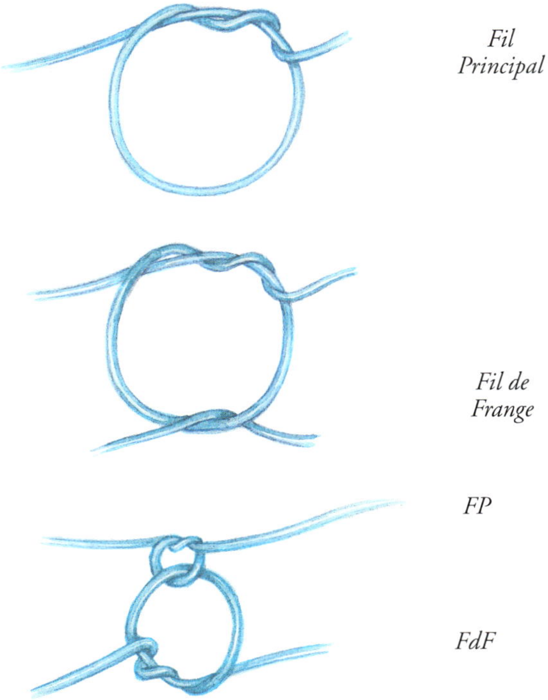

2 Travaillez sur un plateau. Scotchez une extrémité du fil principal sur un des rebords. Au milieu, attachez le premier fil de frange comme sur les dessins. Scotchez l'autre extrémité du fil principal sur le plateau.

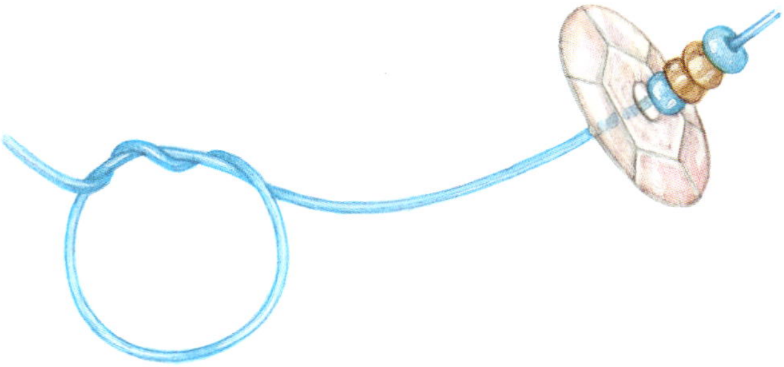

3 Sur chaque brin du fil de frange, enfilez 15 à 20 rocailles, en créant un dégradé du marron au bleu, puis 1 paillette. Faites un nœud d'arrêt aux extrémités en le plaçant à 1,5 cm environ après la paillette. De part et d'autre, réalisez 8 nouvelles doubles-franges identiques, espacées de 0,5 à 1 cm.

4 De chaque côté, réalisez 4 autres doubles-franges en enfilant chaque fois 10 à 15 perles et 1 paillette sur chaque brin.

Finitions

Essayez le collier et posez le fermoir en intercalant 3 rocailles entre la perle à écraser et le fermoir. Recoupez tous les fils des franges à environ 0,5 cm des nœuds d'arrêt. Soudez-les à la chaleur d'une flamme (après quelques essais préalables sur une chute de fil).

Bague voir page 77.

Or et satin

Tour de cou

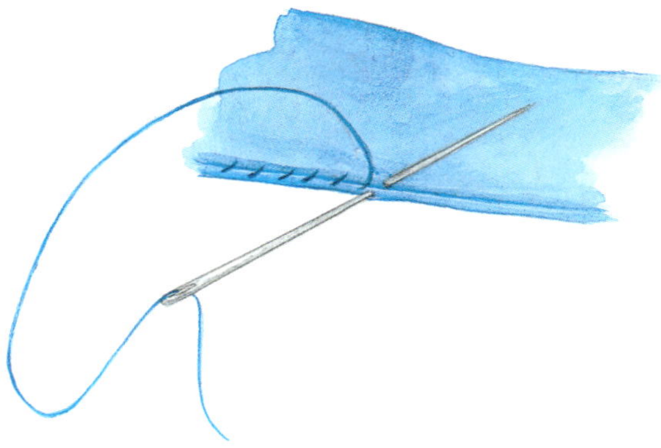

Préparez une aiguillée simple d'environ 60 cm. Pliez le biais et épinglez-le sur toute la longueur. Cousez-le à points discrets sur 7 cm en débutant la couture à 3 cm environ d'une extrémité.

MATÉRIEL

- 50 cm de biais de satin (de 1 cm de large une fois replié)
- Perles de rocaille dorées (d) et bleues (b)
- Fil polyester assorti au biais
- Fermoir mousqueton
- Anneaux : petits et moyens
- Aiguille à perles
- Épingles de couturière

Franges

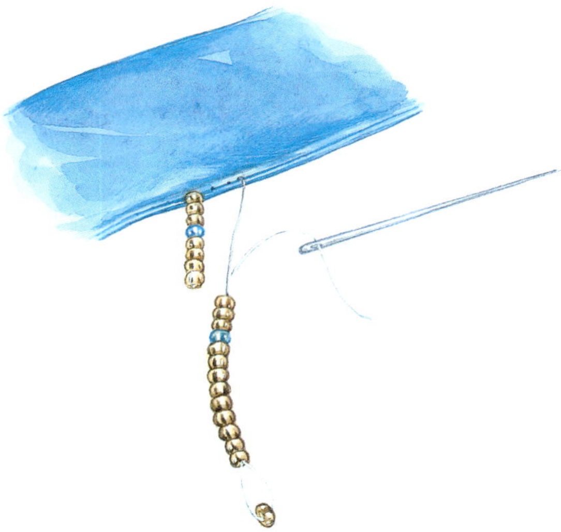

Remplacez le fil si nécessaire. Enfilez les perles de la première frange. Repassez le fil en sens inverse sauf dans la dernière perle. Tirez doucement pour supprimer le jeu entre les perles. Faites 2 points discrets avant la frange suivante.

Quand l'aiguillée devient trop courte, faites des points d'arrêt discrets entre 2 franges et reprenez un nouveau fil.

Frange	Nombre de perles par frange
1 et 35	3d 1b 4d
2 et 34	3d 1b 10d
3 et 33	3d 1b 16d
4 et 32	3d 1b 22d
5 et 31	3d 1b 26d
6 et 30	3d 1b 30d
7 et 29	3d 1b 34d
8 et 28	3d 1b 36d
9 et 27	3d 1b 38d
10 et 26	3d 1b 40d
11 et 25	3d 1b 41d
12 et 24	3d 1b 42d
13 et 23	3d 1b 43d
14 et 22	3d 1b 44d
15 et 21	3d 1b 45d
16 à 20	3d 1b 46d

Finitions

Après la dernière frange, cousez le biais sur 7 cm. Essayez le collier en tenant compte de la longueur des finitions. De chaque côté, fermez le biais en effectuant un rentré, puis cousez un petit anneau.
D'un côté, montez le mousqueton avec un anneau moyen. De l'autre côté, réalisez une chaînette d'environ 4 cm en alternant moyens et petits anneaux. Attachez une breloque sur tige métallique à l'extrémité.

Bague voir page 76.

Bague voir page 76.

Joyaux aquatiques

Bracelet

MATÉRIEL

Bracelet

- Perles de rocaille classiques transparentes : bleu clair, bleu moyen
- Perles de rocaille japonaises : ambre
- 16 perles bleues en forme de gouttes de 8 mm de longueur
- 2 perles à facettes bleues de 8 mm de diamètre
- Perles à facettes de 6 mm de diamètre : 15 ambre et 8 bleues
- Perles à facettes de 4 mm de diamètre : 20 vertes et 8 dorées
- Perles à écraser
- Fil de Nylon 0,35 mm
- Scotch de peintre
- Aiguille à perles

Le bracelet est expliqué pour les perles utilisées, mais la méthode proposée permet de le réaliser avec d'autres perles. La résille terminée est bloquée par des perles à écraser de part et d'autre. Cela permet de visualiser plus facilement la longueur des finitions et donc d'adapter parfaitement la longueur totale au poignet.

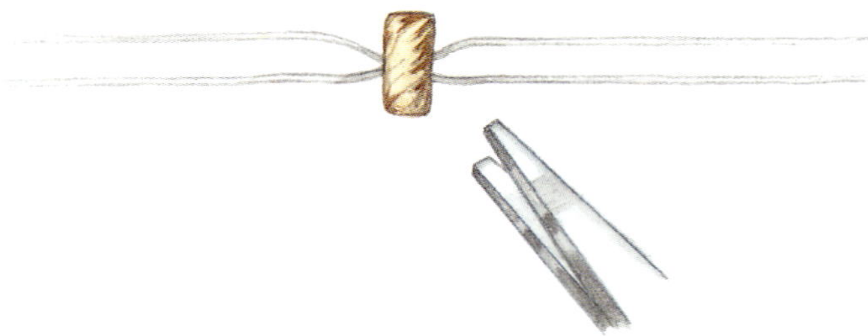

Coupez 6 fils de 50 cm. Posez, 3 fois, 1 perle à écraser sur 2 fils en même temps à 12 cm environ de leur extrémité.

Motif central

1 Sur les 2 premiers brins, enfilez 1 perle à facettes ambre puis, sur chaque brin, 1 rocaille bleu moyen, 1 goutte, 3 rocailles bleu moyen, 1 perle à facettes dorée, 3 rocailles bleu moyen, 1 goutte, 1 rocaille bleu moyen. Passez les 2 fils en même temps dans 1 perle ambre.
Recommencez le même motif 3 fois. Enfilez 1 perle à écraser sur les 2 fils. Supprimez le jeu entre les perles sans trop serrer. Aplatissez la perle à écraser.

2 Sur 2 autres brins, enfilez 1 perle à facettes ambre.
Laissez un brin en attente. Sur l'autre, enfilez 3 rocailles bleu clair, 1 perle à facettes verte, 3 rocailles bleu clair.
Passez le fil dans la première perle dorée du motif central.
Enfilez à nouveau 3 rocailles bleu clair, 1 perle à facettes verte, 3 rocailles bleu clair, 1 perle à facettes ambre. Recommencez le même motif 3 fois en finissant par 1 perle ambre.
Posez provisoirement un morceau de scotch.

3 Sur le brin en attente, enfilez 6 rocailles ambre, 1 perle à facettes bleue, 6 rocailles ambre et passez le fil dans la perle à facettes ambre du rang précédent. Recommencez le même motif 3 fois. Enfilez 1 perle à écraser sur les 2 fils.
Supprimez le jeu entre les perles sans trop serrer.
Pincez la perle à écraser.
Procédez de même pour les 2 rangs de l'autre côté du motif central.

Finitions

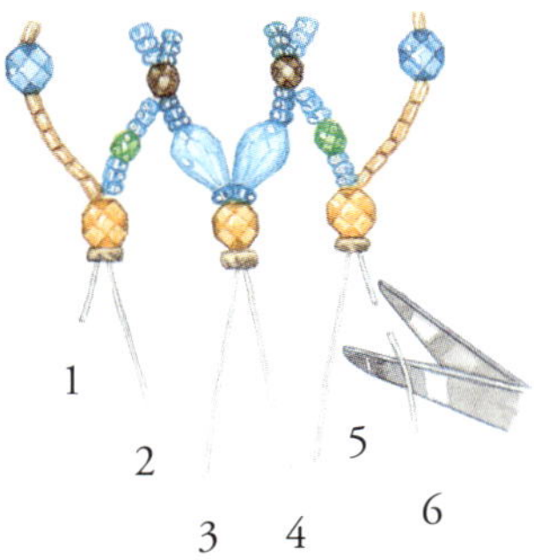

1 D'un côté du bijou, recoupez les fils 1 et 6 à 5 mm de la perle à écraser pour ne garder que les 4 fils centraux.

2 Sur le fil 2, enfilez 3 rocailles ambre et sur le fil 3, 4 rocailles bleu clair.
Sur les 2 fils en même temps, enfilez 1 perle à facettes verte, 1 perle à écraser, 1 grosse perle à facettes bleue et 1 rocaille bleue. Repassez les fils en sens inverse. Pincez la perle à écraser.

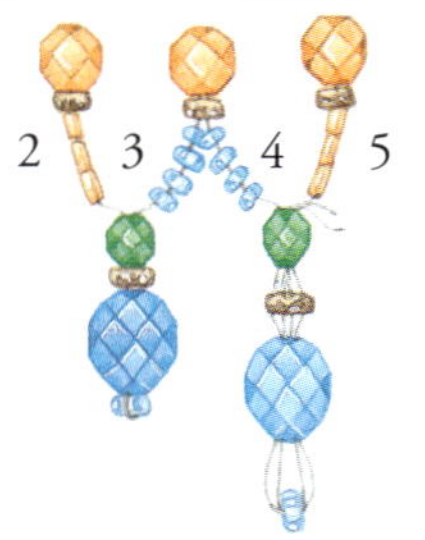

3 Recommencez symétriquement avec les fils 4 et 5.

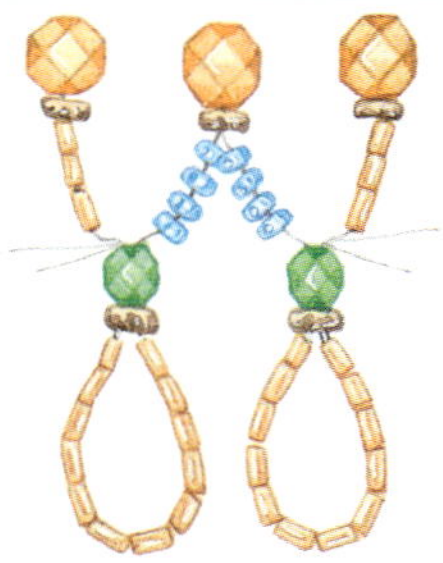

4 De l'autre côté du bijou, procédez de la même manière en remplaçant les grosses perles à facettes bleues par des boucles en rocailles ambre.

5 Avant d'aplatir les perles à écraser, vérifiez que la taille des boucles est adaptée. Vous pouvez modifier la taille des finitions en jouant sur le nombre de perles.

MATÉRIEL

Boucles d'oreilles
- Assortiment de perles identiques à celles du bracelet
- 2 perles en métal (trou suffisamment large pour passer 6 fils)
- Perles à écraser
- 2 tiges métalliques
- 1 paire d'attaches
- 2 cache-nœuds
- Fil de polyamide
- Colle

Collier
- Torque
- Perles identiques à celles du bracelet et perles en métal
- Grosses perles de rocaille et perles en bois doré ou en métal de même diamètre (trou adapté à l'épaisseur du torque)
- Tiges métalliques

Boucles d'oreilles

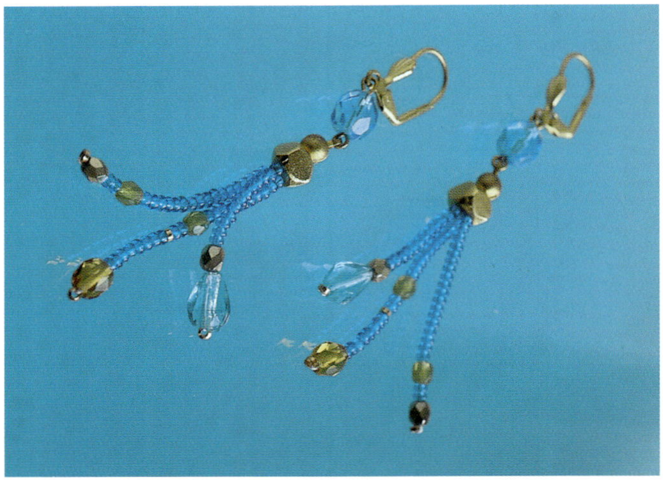

1 Coupez 3 fils d'environ 30 cm. Sur chacun d'eux, réalisez une frange de perles de 3 à 4 cm.

2 Réunissez tous les fils dans la perle dorée. Nouez-les ensemble. Encollez le nœud. Après séchage, recoupez les fils à ras.

3 Fermez un cache-nœud sur le nœud à l'aide d'une pince. Montez 1 grosse perle à facettes sur une tige métallique en réalisant un anneau de chaque côté. Attachez la tige au cache-nœud puis à l'attache.

Collier

À l'aide d'une pince ronde, montez les perles sur tiges métalliques en les raccordant les unes aux autres et en finissant en haut par un anneau. Réalisez 3 franges en équilibrant les couleurs. Sur le torque, enfilez les franges en intercalant des perles bleues et dorées.

L'Aigle
YB
PD
WK
Oc(3)WG

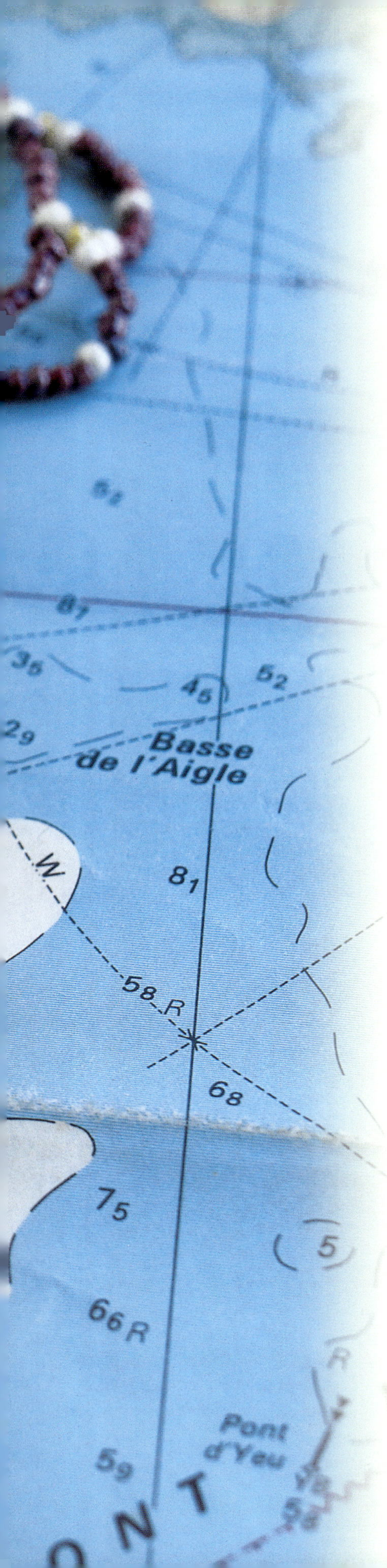

Lointains voyages

De l'Inde à l'Asie en passant par
l'Espagne, couleurs et reflets
se conjuguent à l'infini pour célébrer
avec éclat l'éternel féminin.
Rivière de perles épicées, pochette
de soie exotique, collier inspiré
des trésors égyptiens…
Autant d'invitations au voyage et au rêve.

Bali

Collier

Gardez 4 perles à facettes rouges pour les finitions. Enfilez les rocailles sur 9 rangs en répartissant 4 à 6 perles à facettes sur chaque rang, décalées d'un enfilage à l'autre. Ménagez 10 cm de fil aux extrémités de chaque rang, scotchez-les.

Longueur des rangs	
1er rang	35 cm
2e rang	37,5 cm
3e rang	40 cm
4e rang	42,5 cm
5e rang	45 cm
6e rang	47,5 cm
7e rang	50 cm
8e rang	52,5 cm
9e rang	55 cm

Finitions

Réunissez les fils par 3 avec des perles à écraser. Recoupez 2 fils à 2 mm de chaque perle à écraser. Réunissez les fils restants dans une perle à écraser. Enfilez 1 tulipe, 1 rocaille, 1 perle à facettes, 3 rocailles, 1 perle à facettes, 1 perle à écraser. Passez les fils dans un anneau attaché au fermoir puis en sens inverse. Pincez la perle à écraser. Procédez de même de l'autre côté.

MATÉRIEL

Collier
- Perles de rocaille rouge irisé
- 25 perles à facettes rouge foncé
- 25 perles à facettes orange
- Perles à écraser
- Fermoir calisson
- 2 tulipes
- Anneaux
- Fil de Nylon 0,22 mm
- Scotch de peintre

Bracelet
- Perles de rocaille rouge irisé
- 14 perles à facettes rouge foncé et orange
- Perles à écraser
- 2 barrettes multirangs
- Fermoir calisson,
- Fil de Nylon 0,22 mm

Fermoir du bracelet.

Bracelet

1 Coupez 3 fils de 80 cm : on utilise un même fil pour 3 rangs. Scotchez le 1er fil à 15 cm de l'extrémité. Enfilez 1 perle à écraser et 1 perle à facettes, puis des rocailles et 1 perle à facettes sur 13 cm. Terminez par 1 perle à facettes et 1 perle à écraser. Passez le fil dans le 1er anneau de la barrette, repassez dans la perle à écraser et dans la perle à facettes. Enfilez un 2e rang, finissez en repassant dans la 1re perle à facettes et la perle à écraser. Passez le fil dans le 1er anneau de la 2e barrette. Repassez dans la perle à écraser et dans la perle à facettes.

2 Enfilez le 3e rang de rocailles uniquement. Passez le fil dans la perle à facettes et dans la perle à écraser. Passez le fil dans l'anneau et repassez dans les perles en sens inverse.

3 Supprimez les espaces entre les perles. Pincez les perles à écraser.

4 Procédez à l'identique avec les 2 autres fils. Pour attacher le fermoir à une barrette, passez et repassez un fil dans 2 perles à écraser et 1 perle à facettes comme sur le dessin.

Grand Nord

Collier

Préparez une aiguillée de fil maniable.
Si au cours du travail, le fil devient trop court, nouez une nouvelle aiguillée et rentrez les extrémités des 2 fils dans quelques perles (voir page 15).

1er rang : enfilez 1 perle à écraser, passez dans un anneau, repassez dans la perle à écraser et pincez-la.
Enfilez 1 rocaille blanche et 9 prune, réalisez le motif 21 fois au total. Finissez par 1 perle blanche. Passez le fil dans 1 perle à écraser puis dans un anneau. Repassez-le dans la perle à écraser puis dans 5 groupes de perles prune et dans la perle blanche suivante. Pincez la perle à écraser après avoir supprimé les espaces entre les perles.

3e rang : repassez le fil en sens inverse dans les perles de 2 écailles et demie : le fil ressort après 1 perle blanche. Formez 6 écailles comme précédemment. Les perles blanches servent de points de repère pour attacher les écailles.

4e rang : repassez le fil en sens inverse sur 1 écaille et demie. Formez 3 écailles.

5e rang : repassez le fil en sens inverse sur 1 demi-écaille. Formez 2 écailles.

2e rang : enfilez 1 perle miel, 1 blanche, 5 prune, 1 blanche, 5 prune, 1 blanche, 1 miel. Passez le fil dans la perle blanche du rang précédent et repassez dans la perle miel. Répétez l'opération de façon à obtenir 11 écailles.

6e rang : repassez le fil en sens inverse sur 1 demi-écaille. Formez 1 écaille. Repassez le fil en sens inverse jusqu'au milieu. Enfilez 1 perle miel, 1 blanche, 5 prune, passez le fil dans la perle poisson, puis enfilez 5 perles prune, 1 blanche. Repassez dans la perle miel. Faites un nœud discret. Rentrez le fil.

Finitions

De chaque côté, montez une chaînette d'anneaux avant de fixer le fermoir pour pouvoir régler le collier à la bonne taille (voir page 13).

MATÉRIEL

Collier
- Perles de rocaille prune, blanc nacré, miel
- 1 grosse perle poisson
- Perles à écraser
- Fermoir rond
- Anneaux
- Fil de Nylon 0,22 mm
- Aiguille à perles

Bague voir page 79.

Basse
de l'Aigle
L'Aigle
Les Chiens Perrins
CHATEAU
D'EAU
PONT

Bracelet

1 Coupez environ 1 m de fil. Faites un nœud sur une perle miel (selon la technique des fils noués expliquée page 36) en laissant une petite longueur de fil libre.
Passez dans l'un des trous d'un bouton, enfilez 1 perle prune. Repassez dans le trou du bouton et dans la 1re perle dans le même sens.

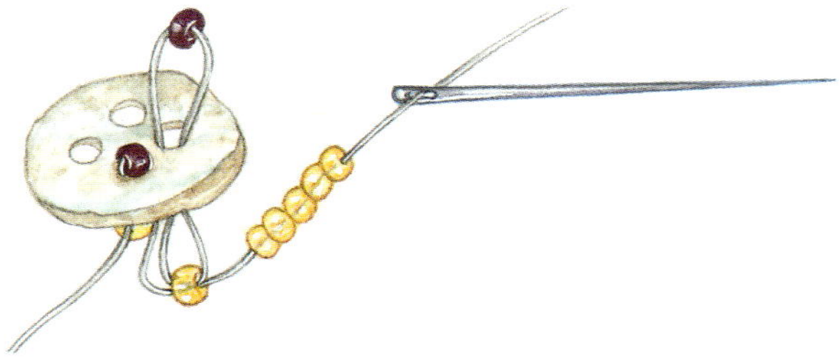

2 Avec des boutons à quatre trous, enfilez une nouvelle perle miel (ou 2 si les trous sont éloignés) puis fixez une deuxième perle prune sur le 2e trou comme la 1re. Enfilez 5 perles miel et attachez un nouveau bouton de la même façon. Continuez ainsi sur environ 15 cm.

3 Enfilez 10 perles miel, attachez un gros bouton en fixant une perle sur chacun des trous. Repartez en sens inverse en fixant des perles prune sur les boutons déjà attachés et en intercalant le même nombre de perles miel.

4 Pour la boucle, enfilez un nombre de perles suffisant pour permettre le passage du dernier bouton. Nouez les 2 extrémités du fil et rentrez-les dans quelques perles.

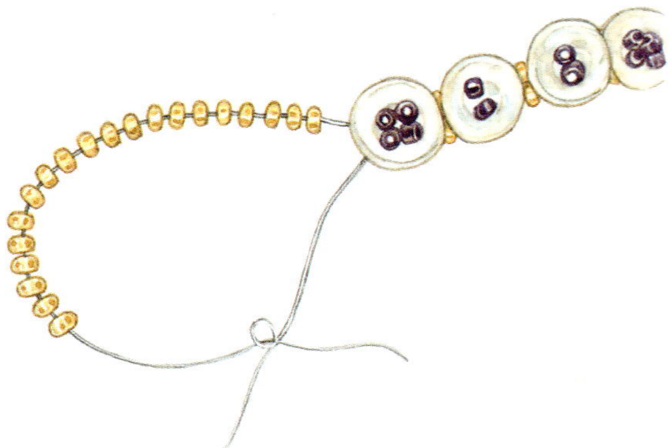

MATÉRIEL

Bracelet
- Perles de rocaille prune et miel
- 15 ou 16 boutons de nacre de 0,5 à 1,5 cm de diamètre
- Fil de Nylon 0,22 mm
- Aiguille à perles

Fermoir du bracelet.

Rade de Penerf
Anse de Suscinio
Basse Suscinio
Plateau de l'Ile Dumet
ILE DUMET
Locmariaquer
Pointe de Penvins
Borenis
Fl(3)WR
Fl(2+1)WRG
Damgan

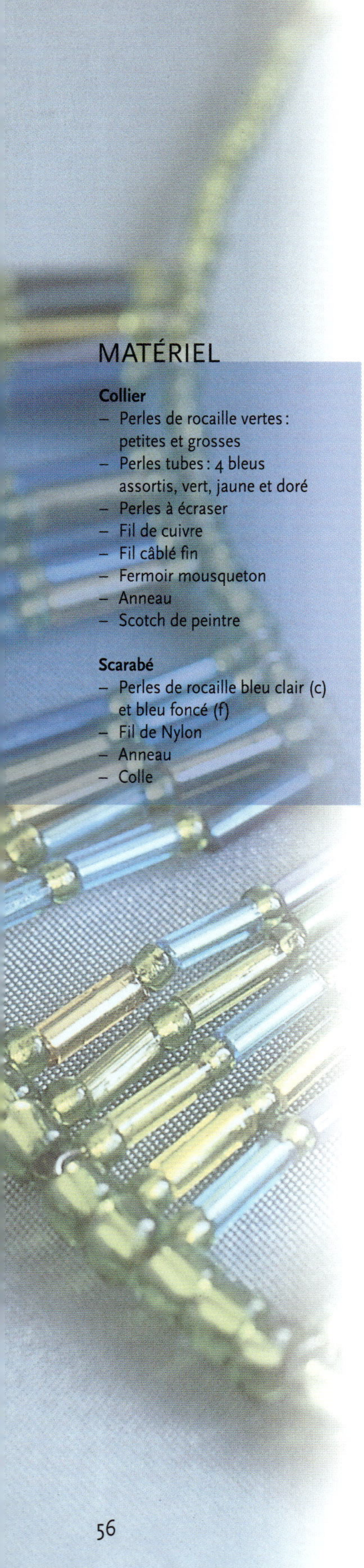

Sur le Nil

Bague voir page 76.

MATÉRIEL

Collier
- Perles de rocaille vertes : petites et grosses
- Perles tubes : 4 bleus assortis, vert, jaune et doré
- Perles à écraser
- Fil de cuivre
- Fil câblé fin
- Fermoir mousqueton
- Anneau
- Scotch de peintre

Scarabé
- Perles de rocaille bleu clair (c) et bleu foncé (f)
- Fil de Nylon
- Anneau
- Colle

Collier

Barrettes

Montez 105 barrettes sur fil de cuivre (voir page 14).

Enfilage

Coupez 2 fils câblés de 80 cm. Bloquez une extrémité de chaque fil avec un morceau de scotch. Sur le 1er fil, enfilez 5 barrettes en intercalant 1 petite rocaille entre chacune. Puis enfilez 4 petites rocailles et recommencez de la même manière avec 5 autres barrettes. Sur l'autre fil câblé, enfilez l'autre extrémité des barrettes en intercalant 1 grosse rocaille entre chacune.
Enfilez 3 grosses rocailles entre les groupes de barrettes. Montez le collier en travaillant sur les 2 fils en même temps.

Pendentif-scarabée.

Finitions

Pour arrêter les extrémités du rang extérieur de chaque côté, enfilez 1 perle à écraser après les dernières barrettes, puis 1 grosse rocaille et 1 petite. Repassez le fil dans la grosse rocaille, la perle à écraser et quelques perles suivantes. Supprimez les espaces entre les perles et pincez la perle à écraser. Coupez le fil.

Sur le fil intérieur, enfilez de chaque côté 3 cm de petites rocailles. Essayez pour vérifier la longueur ; enfilez 1 perle à écraser et 1 grosse rocaille. Passez chaque extrémité du fil dans une attache du fermoir, repassez en sens inverse dans les perles et pincez la perle à écraser. Coupez le fil.

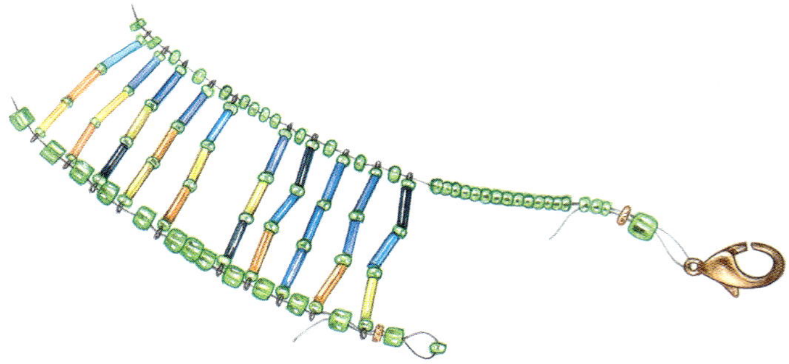

Scarabée

Procédez comme pour la coccinelle expliquée page 30.
Pour le 1er rang, nouez l'anneau au milieu du fil, puis enfilez 1 perle de part et d'autre.

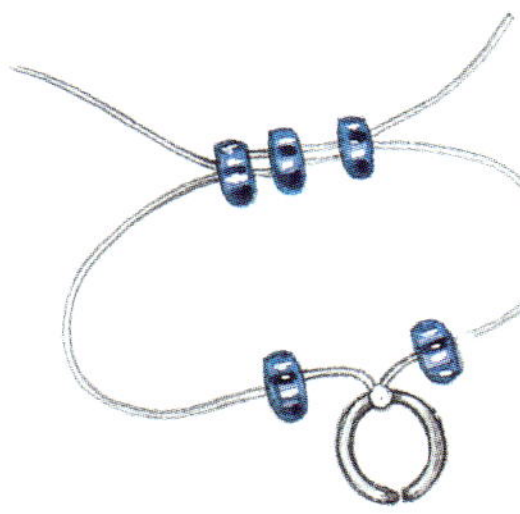

	dessous	dessus
1er rang	2 f	
2e rang		3 f
3e rang	3 f	
4e rang		2 c 1 f 2 c
5e rang	5 f	
6e rang		2 c 2 f 2 c
7e rang	6 f	
8e rang		3 c 1 f 3 c
9e rang	7 f	
10e rang		2 c 2 f 2 c
11e rang	5 f	
12e rang		1 c 2 f 1 c
13e rang	2 f	

Flamenco

Fleur double

MATÉRIEL

Fleurs
- Perles de rocaille
- Perles à facettes
- Fil de cuivre
- Pince à bijoux

Petits pétales du dessus

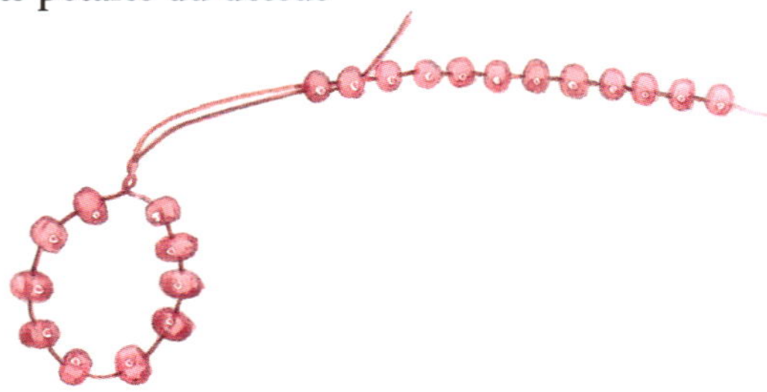

1 Coupez 30 cm de fil de cuivre. Pour le centre, enfilez 10 rocailles, à 5 cm de l'extrémité du fil. Sans serrer, fermez en anneau en vrillant 2 fois les extrémités du fil. Enfilez 12 perles pour le 1er pétale (rentrez le fil qui dépasse dans les premières).

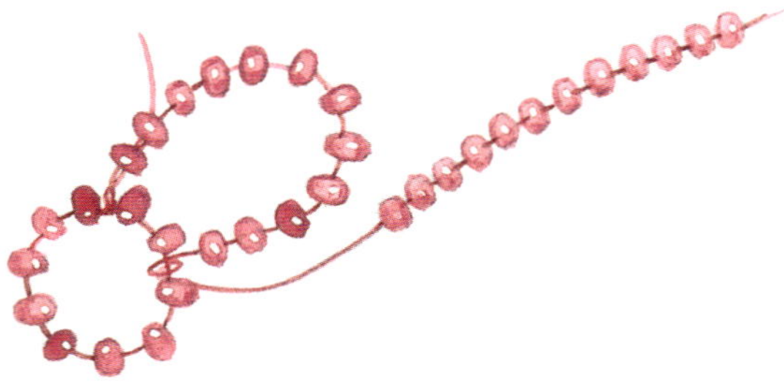

2 En guidant le fil pour éviter qu'il boucle, passez-le dans l'anneau, enroulez-le autour puis repassez-le dedans, 2 perles plus loin. Enfilez 12 perles pour le pétale suivant.

Bague voir page 78.

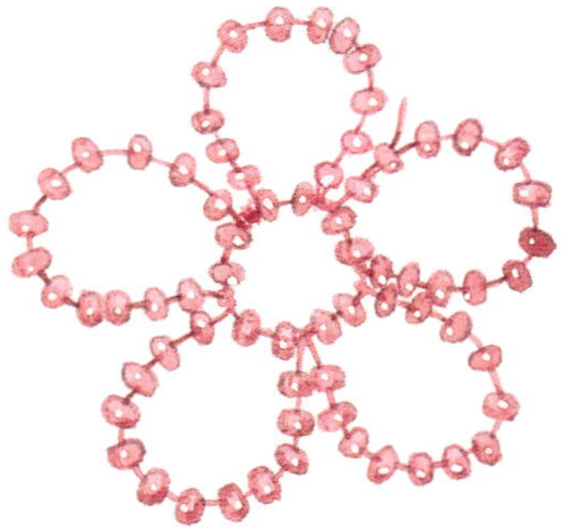

3 Après avoir réalisé au total 5 pétales de la même manière, rentrez l'extrémité du fil dans 3 à 4 perles du dernier pétale, puis recoupez-le.

Grands pétales du dessous

Coupez un fil de cuivre de 40 cm. Attachez-le à l'anneau, entre 2 perles. Réalisez 5 pétales de 18 perles comme précédemment, en rentrant les extrémités du fil pareillement. Si nécessaire, arrondissez les pétales en vous aidant de la pointe d'un crayon.

MATÉRIEL

Collier
- 2 perles à écraser
- 1 anneau
- Fermoir rond
- Fil de Nylon 0,35 mm
- Aiguille à perles

Boucles d'oreilles
- 2 anneaux
- Attaches de boucles d'oreilles dormeuses
- 2 paillettes (facultatif)
- Colle

Broche
- Épingle de broche de 2,5 cm environ
- Fil de Nylon
- Aiguille à coudre

Cœur

1 Coupez un fil de cuivre de 30 cm. À 10 cm de l'extrémité, enfilez pour le premier pistil : 1 perle à facettes et 1 rocaille. Repassez le fil en sens inverse dans la perle à facettes. Réalisez 4 autres pistils côte à côte. Aidez-vous d'une pince, pour bien tirer le fil. Vrillez 2 fois les extrémités du fil.

2 Passez les fils au centre de la fleur, puis fixez discrètement l'ensemble en passant un des fils entre les grands pétales (ou les petits) et entre les pistils. Pour finir, ressortez le fil entre les pistils et l'anneau des pétales. Glissez la perle centrale et repiquez le fil dans la fleur, à l'opposé. Tirez bien les fils sous la fleur.

Fleur double en pendentif.

Finitions simples

Vrillez les fils ensemble, plusieurs fois en veillant à ne pas les casser. Recoupez la torsade à 3 ou 4 mm et repoussez son extrémité vers l'intérieur.

Finitions décoratives (dos)

Vrillez les 2 fils 2 fois. Sur l'un d'eux, enfilez 1 paillette et 1 rocaille. Repassez le fil en sens inverse dans la paillette. Aidez-vous d'une pince pour placer la paillette et la perle le plus près possible de la fleur. Enroulez les 2 fils derrière la paillette. Recoupez-les à ras et repoussez-les sous la paillette si nécessaire.

Petite fleur simple

(pour la partie supérieure des boucles et pour la bague)

Elle est réalisée selon le même principe que la fleur double. Comptez 10 perles pour l'anneau central et 9 perles pour chacun des pétales.

Boucles d'oreilles

Pour chaque boucle, réalisez une petite fleur simple (finitions simples) et une fleur double (finitions décoratives). Reliez les 2 fleurs par un anneau. À l'aide d'une pince, coupez l'anneau de l'attache puis collez-la au dos de la petite fleur.

2 Attachez 2 feuilles l'une sur l'autre : glissez les fils de l'une entre le dernier et l'avant-dernier rang de l'autre, puis vrillez les fils des 2 feuilles 2 par 2. Attachez la troisième feuille en face en vrillant ses fils avec ceux des autres. Recoupez les fils torsadés à 0,5 cm et rabattez-les sur le dessus des feuilles.

Collier

Sur fil de Nylon, faites un collier de rocailles et perles à facettes. Attachez le fermoir avec des perles à écraser. Fixez une fleur double à l'aide d'un anneau.

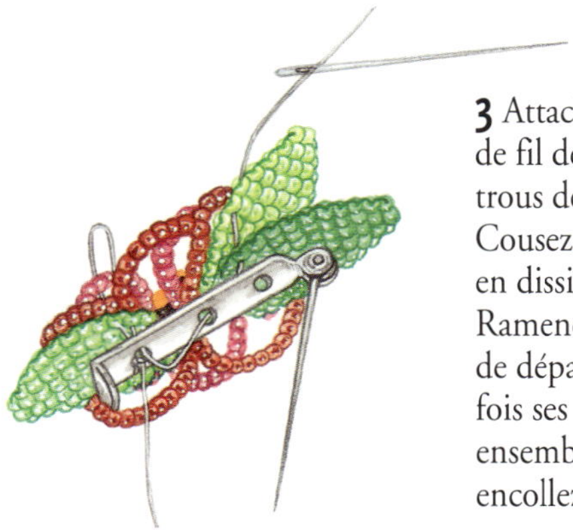

3 Attachez une aiguillée de fil de Nylon dans un des trous de l'attache de broche. Cousez la fleur et les feuilles en dissimulant le fil. Ramenez le fil au point de départ et nouez plusieurs fois ses deux extrémités ensemble. Coupez puis encollez le nœud.

Broche

1 Réalisez une fleur double terminée par des finitions simples. Pour chacune des 3 feuilles, coupez 40 cm de fil de cuivre. Pliez le fil en U, enfilez 2 perles pour le 1er rang, puis enfilez les autres rangs selon la technique des fils croisés (voir trèfle page 30).

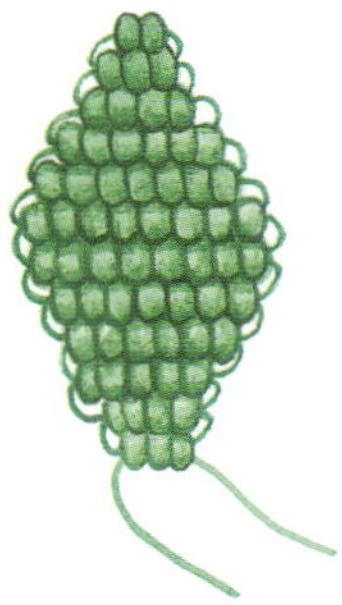

1er rang	2 perles	7e rang	8 perles
2e rang	3 perles	8e rang	7 perles
3e rang	4 perles	9e rang	6 perles
4e rang	6 perles	10e rang	5 perles
5e rang	7 perles	11e rang	4 perles
6e rang	8 perles	12e rang	3 perles

Fleur double en broche.

Steppe

Enfilage

Procédez comme pour le collier de la page 40 en attachant des franges sur lesquelles on enfilera uniquement des rocailles. Conservez les extrémités des fils de franges : elles faciliteront la fixation des plumes.

Pose des plumes

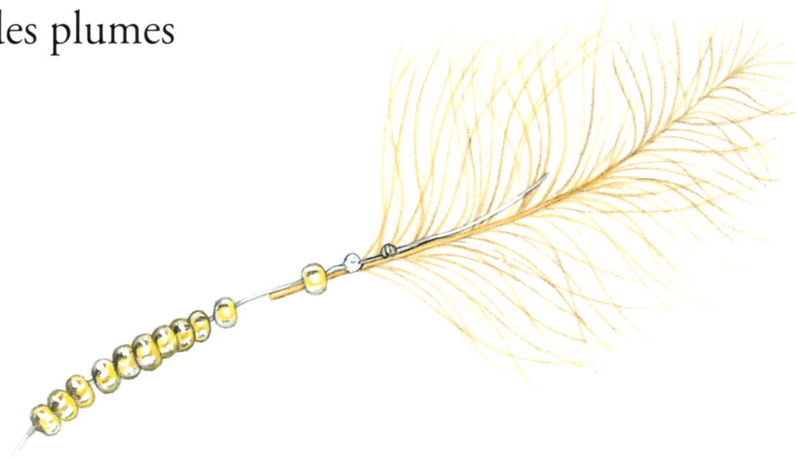

Pour chaque plume, faites glisser les perles sur le fil de manière à dégager le nœud d'arrêt. Placez la plume et posez une goutte de colle sur sa queue. Pour un travail précis, déposez la colle avec la tête d'une épingle de couturière. Faites glisser les perles sur le point de colle.

MATÉRIEL

- Perles de rocaille jaunes
- Une trentaine de petites plumes duveteuses (plumes de montage de mouche pour la pêche)
- 3 plumes de coq
- Perles à écraser
- Fermoir rond
- Fil de Nylon 0,35 mm
- Scotch de peintre
- Colle

Veillez à équilibrer les masses de plumes, en procédant, par exemple, du centre vers les côtés. Pour obtenir un effet aérien et éviter que les plumes se superposent, conservez quelques franges telles quelles. Après séchage, recoupez les fils au ras des nœuds d'arrêt.

Soudez les nœuds des franges sans plumes à l'aide d'une flamme, en écartant bien le reste du collier pour ne pas le brûler. Faites quelques essais préalables sur des chutes de fil pour vous familiariser avec le geste.

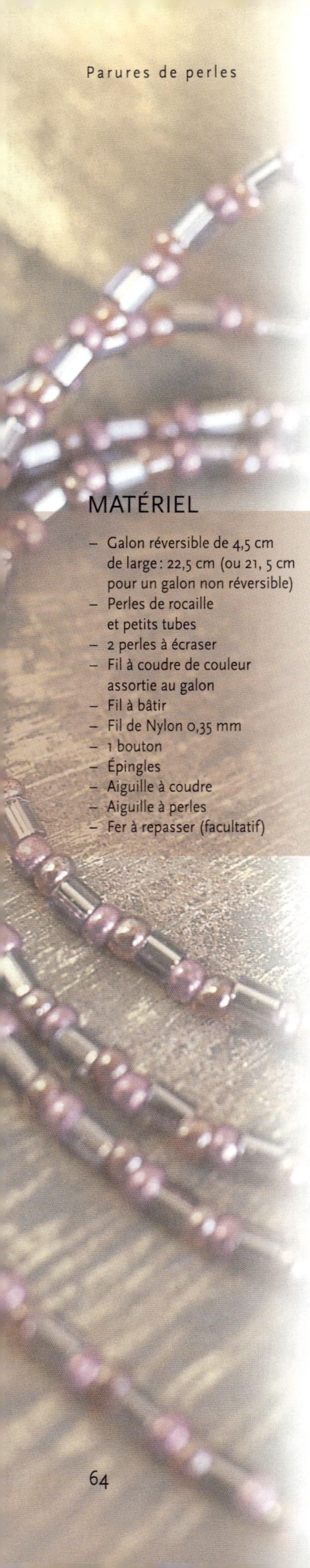

Poème d'Asie

Pochette-collier

MATÉRIEL

- Galon réversible de 4,5 cm de large : 22,5 cm (ou 21, 5 cm pour un galon non réversible)
- Perles de rocaille et petits tubes
- 2 perles à écraser
- Fil à coudre de couleur assortie au galon
- Fil à bâtir
- Fil de Nylon 0,35 mm
- 1 bouton
- Épingles
- Aiguille à coudre
- Aiguille à perles
- Fer à repasser (facultatif)

Avec du galon réversible

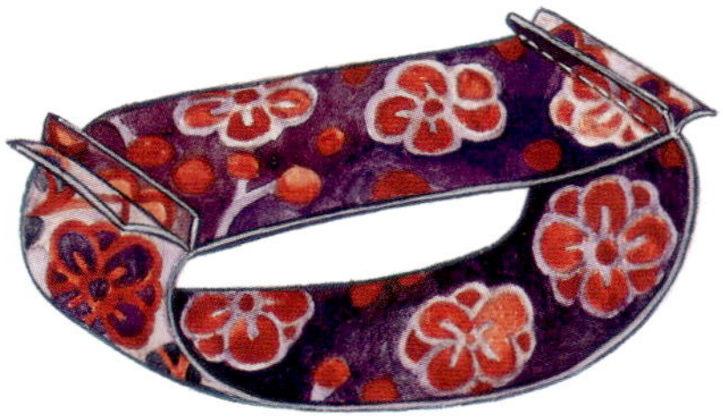

1 Pour cette pochette, les 2 faces du galon ont été utilisées. Coupez 15,5 cm de galon pour la pochette et 7 cm pour le rabat. Épinglez puis cousez un de leurs petits côtés endroit contre endroit à 5 mm du bord – l'endroit correspondant à la partie visible une fois la pochette terminée. Cousez ensuite les 2 autres petits côtés de manière à former un anneau.

Couchez les coutures (au fer) sur le grand morceau. Retournez l'anneau et superposez les coutures.

Bague voir page 79. Bracelet voir page 54.

Avec du galon non réversible

Cousez le galon endroit contre endroit en anneau. Retournez-le et posez-le à plat en décalant la couture de 3 cm.

2 De chaque côté, cousez le rabat à points discrets en descendant sous la couture horizontale, puis bâtissez le bas. Pliez pour repérer le bas de la poche. Marquez la pliure par des épingles.

Cousez des franges de perles sur la pliure : amenez le fil sur l'endroit, enfilez des perles sur 1 cm environ, repassez le fil en sens inverse sauf dans la dernière perle. Repiquez le fil vers l'envers à la base de la frange et ressortez-le sur l'endroit quelques millimètres plus loin. Ôtez les épingles au fur et à mesure.

3 Sur un côté, cousez des perles le long du rabat en en glissant une sur le fil à chaque point.

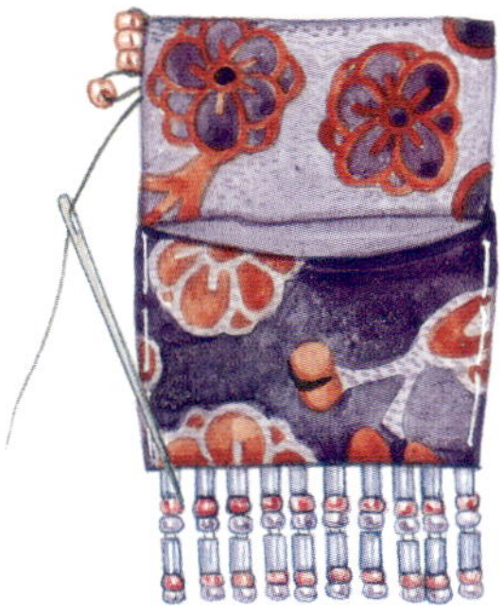

4 Continuez le long de la poche repliée en piquant dans toutes les épaisseurs en même temps. Repérez l'emplacement du bouton et cousez-le en ajoutant une perle au dernier passage. Fermez le deuxième côté de la pochette. Cousez une bride.

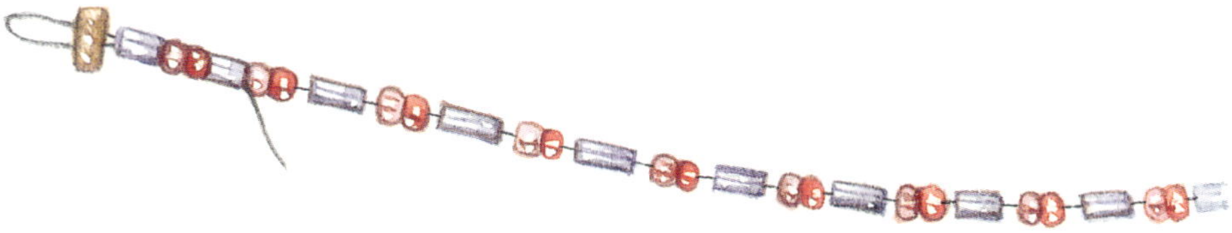

5 Coupez 80 cm de fil de Nylon. À l'extrémité, formez une boucle autour d'un cure-dent et bloquez avec une perle à écraser. Enfilez des perles sur 70 cm environ. Arrêtez en formant une boucle. Cousez les boucles sur le haut de la pochette, au dos

Éclat de nuit

Perles iridescentes, joyaux de cristal taillé,
parures graphiques aux reflets métalliques
ou volutes de pierres nacrées…
Ces bijoux somptueux brilleront
de tous leurs feux l'espace d'une nuit
et feront d'un soir de gala
ou d'un dîner aux chandelles
un moment d'exception.

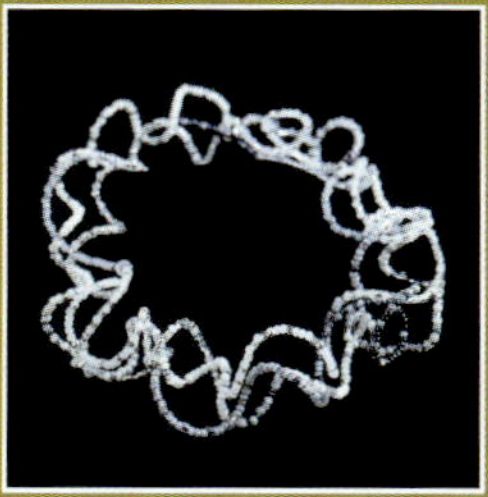

Diamants

Rapides et faciles à réaliser, ces colliers ont aussi leur succès lorsqu'ils sont portés en bracelets.

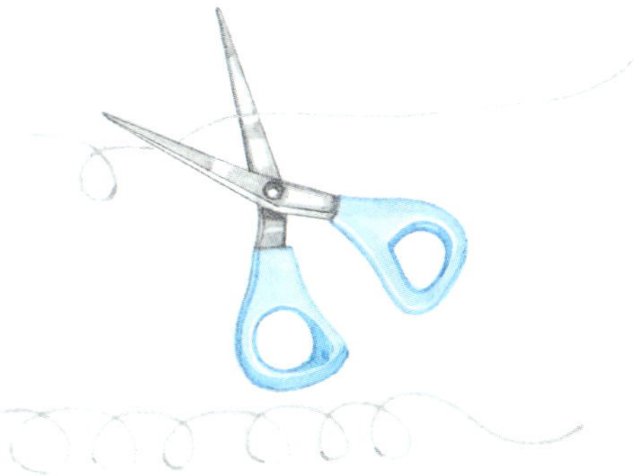

MATÉRIEL

- Petites perles de rocaille blanches, grises, plomb, nacrées, diamantées
- Perles légèrement plus grosses : rondes et argentées ou de forme toupie en cristal irisé
- Grosses perles de rocaille plomb
- Perles à écraser
- Fil câblé moyen

1 Coupez 80 cm de fil câblé. Avec les ciseaux ouverts, « frisez » le fil comme du bolduc à cadeaux en commençant et en arrêtant à 5 cm de chaque extrémité. Tenez le fil câblé avec la pince à bijoux pour éviter qu'il glisse et veillez à de ne pas couper la gaine plastifiée du fil.

2 Pour former une première boucle, à l'une des extrémités du fil, enfilez une perle à écraser, puis 12 à 14 rocailles (de la même couleur ou mélangées selon le collier envisagé). Repassez le fil dans la perle à écraser puis pincez-la.

Bague voir page 77.

Finitions en boucles.

3 Enfilez les rocailles sur toute la longueur frisée du fil en les aidant à glisser au fur et à mesure. À intervalles irréguliers, intercalez quelques perles légèrement plus grosses. Évitez d'en placer trop pour ne pas alourdir le collier.

Pour créer un dégradé, enfilez environ 6 perles d'une couleur, puis introduisez une à une des perles d'une autre nuance en réduisant l'intervalle entre chacune d'elles : 5 perles, puis 4, puis 3, puis 2, puis plusieurs fois 1 perle. Inversez ensuite : la deuxième nuance devient la couleur dominante et inversement.

4 Pour fermer le collier, créez une deuxième boucle, sans oublier de glisser le fil dans la première boucle avant de le repasser dans la perle à écraser. Pincez la perle à écraser.

Variante de finition

Si vous préférez une finition encore plus discrète, croisez les fils dans 3 perles à écraser et dans quelques perles de chaque côté.

Pierres cuivrées

Bracelet

De taille moyenne, ce bracelet est prévu pour être porté assez serré sur le poignet. Il a été réalisé avec 42 épingles. Vous pouvez l'agrandir en ajoutant un nombre pair d'épingles supplémentaires.

Bracelet sur fil élastique.

MATÉRIEL

Bracelet
- 40 à 50 épingles de nourrice couleur cuivre (2,5 cm de longueur)
- Petites et grosses perles de rocaille métallisées marron et ambre, éclats de pierre, perles à facettes 6 mm, perles métalliques vieil or, petites perles toupies en cristal ambre
- Perles à écraser dorées
- Fil élastique transparent
- Colle
- Scotch de peintre

Boucles d'oreilles
- Même assortiment de perles que pour le bracelet
- Perles à écraser
- Clous pour oreilles percées
- 4 anneaux
- Fil de cuivre
- Fil de Nylon 0,35 mm

1 Enfilez des perles sur chaque épingle. Pour trouver le bon rythme, posez au fur et à mesure les épingles garnies telles qu'elles seront assemblées, tantôt dans un sens, tantôt dans l'autre. Répartissez les perles sur les épingles, en veillant à ce que ces perles puissent s'imbriquer quand le bijou sera monté. Placez 1 éclat de pierre toutes les 2 ou 3 épingles.

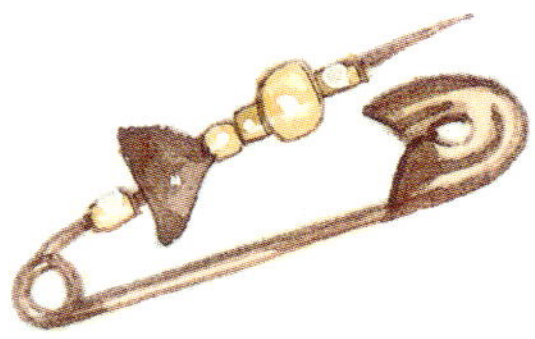

2 Coupez 2 fils élastiques de 50 cm environ. Posez un morceau de scotch sur chacun d'eux. Glissez simultanément les fils dans les épingles en intercalant 1 grosse rocaille de chaque côté entre chaque épingle.

Finitions

Ôtez le morceau de scotch sur l'un des fils. Vérifiez la taille du bracelet, puis nouez plusieurs fois sans trop tendre le fil élastique.
Fermez le deuxième côté du bracelet de la même manière. Recoupez les fils et encollez les nœuds.

Pour le collier, reportez-vous aux explications de la page 18.

Boucles d'oreilles

Barrettes

Pour chaque boucle, réalisez 9 barrettes de fil de cuivre garnies de perles comme expliqué page 14 : 5 barrettes centrales d'environ 1 cm, et 2 fois 2 barrettes de taille décroissante.

Assemblage des barrettes.

1 Coupez environ 30 cm de fil de Nylon. Enfilez 9 perles (rocailles et perles à écraser dorées) au centre, puis sur chaque brin, enfilez les boucles des barrettes en intercalant 3 perles entre chacune d'elles. Après la dernière barrette, enfilez 3 perles puis 1 perle à écraser.

2 Attachez un anneau au poussoir de l'attache de la boucle d'oreille. Passez le fil dans l'anneau du poussoir puis repassez-le en sens inverse dans la perle à écraser et dans les perles suivantes. Supprimez le jeu et pincez la perle à écraser. Attachez le 2e brin de fil à l'anneau du poussoir. Attachez l'autre côté de la boucle d'oreille au clou par un anneau intermédiaire en veillant au sens.

MATÉRIEL

Collier
- Perles tubes
- Fermoir mousqueton et 2 anneaux
- Fil de Nylon 0,22 mm
- Aiguille à perles

Broche
- Perles tubes dorées et argentées
- Perles de rocaille argentées
- Petites perles métalliques dorées
- Perles à écraser
- Épingle à chapeau (à tête)
- Tulipe
- Fil de cuivre

Collier argent.

Épure

Collier

1 Préparez une aiguillée de fil maniable. Enfilez 5 perles tubes à 30 cm de l'extrémité du fil. Faites un nœud. Vous obtenez un pentagone.

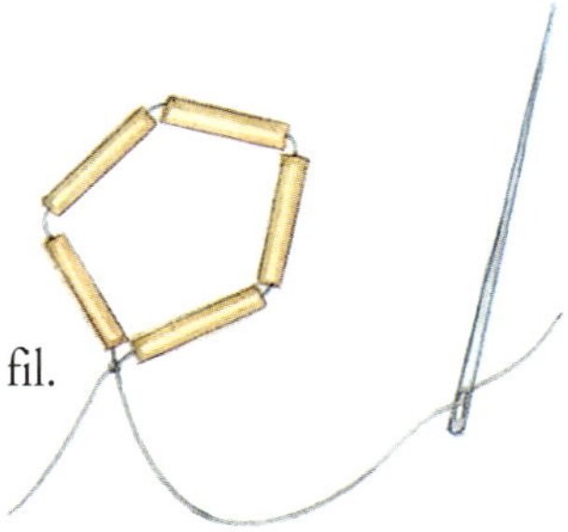

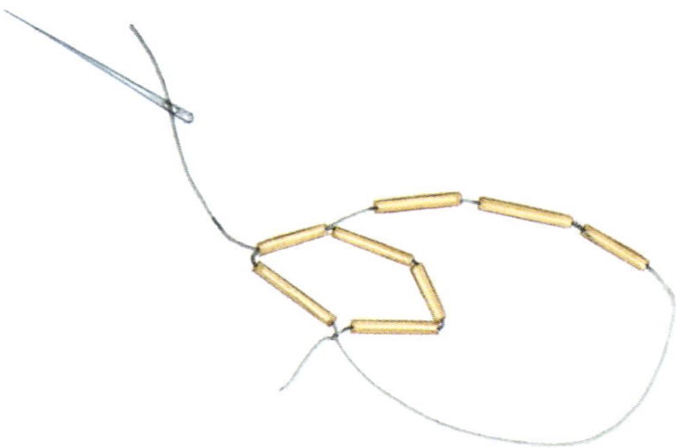

2 Enfilez 3 perles tubes et repassez le fil dans la 4e perle : vous obtenez un nouveau pentagone.

3 Enfilez à nouveau 3 perles tubes et repassez dans la 4e perle du pentagone (la 3e perle enfilée au tour précédent). Continuez de cette manière sur 35 cm.

Lorsque le fil devient trop court, remplacez-le en procédant comme expliqué page 15.

Finitions

Enfilez 3 tubes. Passez le fil dans un anneau et repassez en sens inverse dans le dernier tube. Enfilez 2 tubes et repassez le fil dans un tube du dernier pentagone.

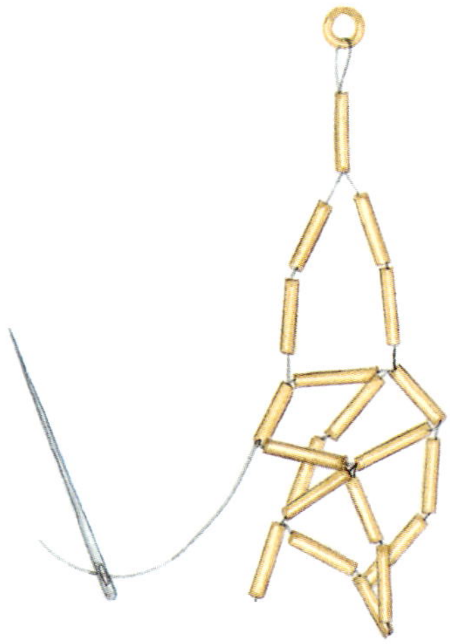

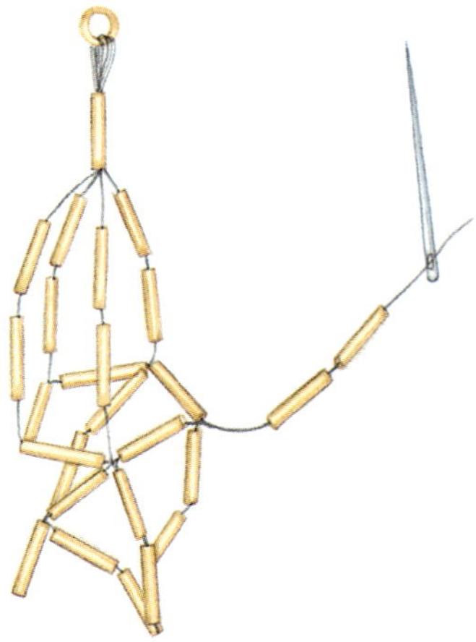

Enfilez à nouveau 2 tubes. Repassez le fil dans le tube le plus proche de l'anneau, dans l'anneau, puis en sens inverse dans le dernier tube. Enfilez 2 tubes et repassez le fil dans un tube du dernier pentagone.

Enfilez à nouveau 2 tubes. Repassez le fil dans le tube le plus proche de l'anneau, dans l'anneau, puis en sens inverse jusqu'au pentagone. Nouez le fil, puis rentrez-le dans quelques perles.

Broche

1 Coupez 2 fils de cuivre de 50 cm environ. Réalisez 2 rangées de 5 franges en commençant à 2 cm de l'extrémité de chaque fil. Pour la 1re rangée, enfilez pour chaque frange 4 tubes dorés et 1 rocaille argentée, puis repassez en sens inverse dans les tubes. Réalisez les franges les unes contre les autres.

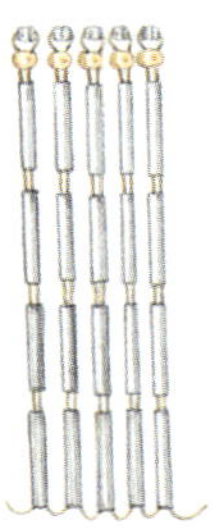

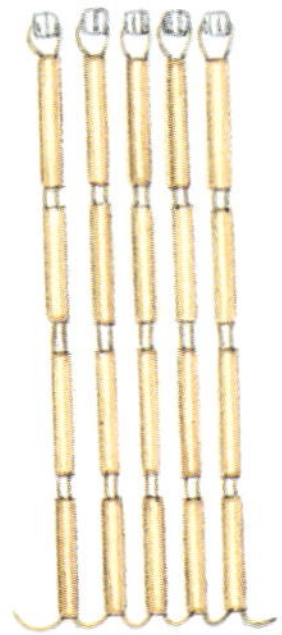

2 Pour la 2e rangée, enfilez pour chaque frange 4 tubes argentés, 1 perle métallique dorée et 1 rocaille argentée, puis repassez en sens inverse sauf dans la dernière perle. Recoupez les fils 2 cm après la dernière frange.

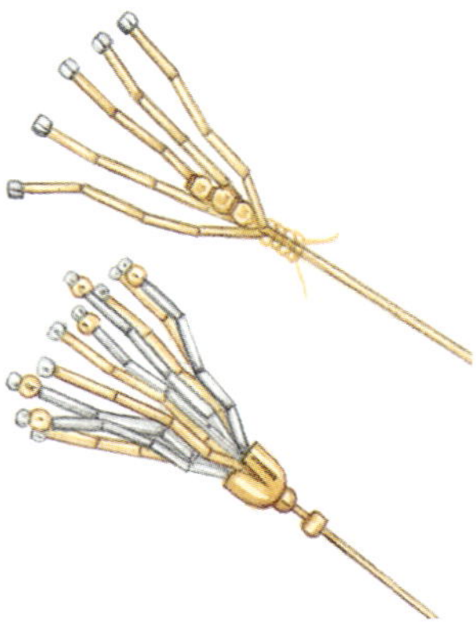

Broche.

3 Enfilez 3 perles métalliques sur l'épingle. En dessous, fixez la 1re rangée de franges en enroulant le surplus de fil de chaque extrémité, puis fixez la 2e rangée de franges de la même manière. Enfilez 1 tulipe, puis 1 perle métallique et 1 perle à écraser. Pincez cette dernière après avoir supprimé le jeu entre les perles.

Accords baroques

MATÉRIEL

- Perles de rocaille irisées vertes, ocre et prune
- Petites perles toupies rouges et métallisées
- Perles cuivrées de 3 mm de diamètre
- Éclats de pierre verte (péridot)
- Fil de cuivre

Ras de cou

- Fil de Nylon 0,35 mm
- 6 perles à écraser
- Fermoir rond et une douzaine d'anneaux
- Tige métallique

Boucles d'oreilles

- 2 paillettes rondes couleur cuivre
- 2 tiges métalliques
- 2 attaches de boucles d'oreilles

Bague voir page 78.

Broche voir page 61.

Ras de cou

1 Réalisez une fleur double sur fil de cuivre (voir page 58). Fixez le cœur, laissez les fils en attente.

2 Pour les 2 franges doubles, coupez 2 fois 20 cm de fil de Nylon. Enfilez 1 perle à écraser, 1 perle ronde cuivrée, 1 perle toupie puis 1 rocaille. Repassez le fil en sens inverse sauf dans la rocaille. Supprimez le jeu et pincez la perle à écraser. Enfilez ensuite la longueur souhaitée de rocailles entre 2 éclats de pierre. Terminez comme vous avez commencé.

3 Attachez les franges au dos de la fleur en utilisant les fils du cœur puis vrillez-les ensemble. Recoupez la torsade à 3 ou 4 mm et repoussez son extrémité vers l'intérieur. Coupez 2 fils de Nylon de 1 m environ. Glissez-les dans les fixations au-dessus des franges.

4 De chaque côté, enfilez 6 rocailles sur chaque brin puis croisez-les dans 3 perles. Enfilez ensuite 6 rocailles sur chaque brin et croisez-les dans 1 perle ronde cuivrée. Continuez ainsi jusqu'à ce que le collier fasse le tour du cou moins 4 cm.

Finitions

De chaque côté, enfilez 9 rocailles sur chaque brin, croisez-les dans 1 perle à écraser que vous pincerez après avoir supprimé le jeu et rentré les fils dans quelques perles. D'un côté, reliez le fermoir par 2 anneaux. De l'autre, fixez une chaînette constituée d'une dizaine d'anneaux. À son extrémité, attachez une breloque montée sur tige métallique (voir page 13).

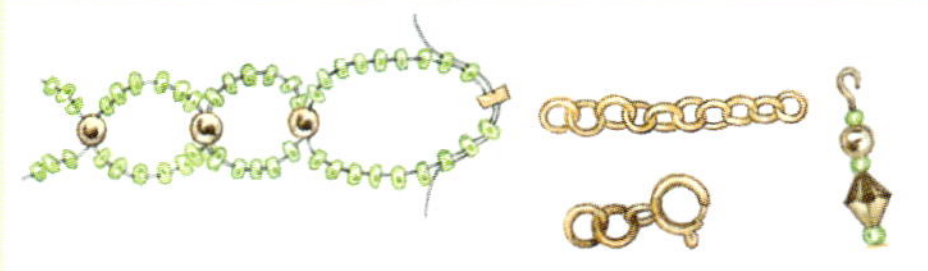

Boucles d'oreilles.

Boucles d'oreilles

Confectionnez 2 petites fleurs simples (voir page 60). Vous pouvez ajouter une paillette derrière pour la finition (voir page 60). Coupez les têtes des tiges métalliques si nécessaire. Formez une boucle assez grande à leur extrémité et attachez les fleurs. Enfilez des perles sur environ 2,5 cm. Recoupez les tiges à environ 1 cm et refaites une boucle pour relier les attaches de boucles d'oreilles.

é)

Enfi… sur un fil câblé en formant un motif central et en altern…es perles. Fermez en anneau en croisant les brins dans une perle à écraser et dans quelques perles de chaque côté. Supprimez le jeu entre les perles puis pincez la perle à écraser.

Or et satin

Anneaux (fil de cuivre)

Réalisés selon la technique des fils croisés, ils peuvent être pleins ou ajourés.

Anneau plein

Enfilez 3 perles au milieu d'un fil de cuivre de 50 cm. Pour chaque rang suivant, croisez les brins dans 3 autres perles. Tirez si besoin le fil avec la pince à bijoux. Jouez sur les couleurs pour créer un motif central.

ou

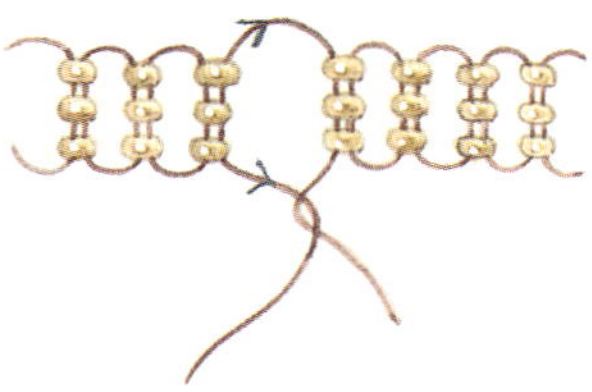

Pour fermer, croisez les fils dans le 1er rang. Si les trous sont trop fins, passez-en un seul, puis entortillez les fils discrètement. Si possible, repassez les fils dans 1 ou 2 autres rangs avant de les couper à ras.

Or et satin

Anneau ajouré

Enfilez 1 tube au milieu d'un fil métallique de 50 cm, puis 1 perle de chaque côté. Croisez les brins dans 1 tube, enfilez 1 perle sur chaque brin, etc. Finissez comme pour l'anneau plein.

Sur le Nil

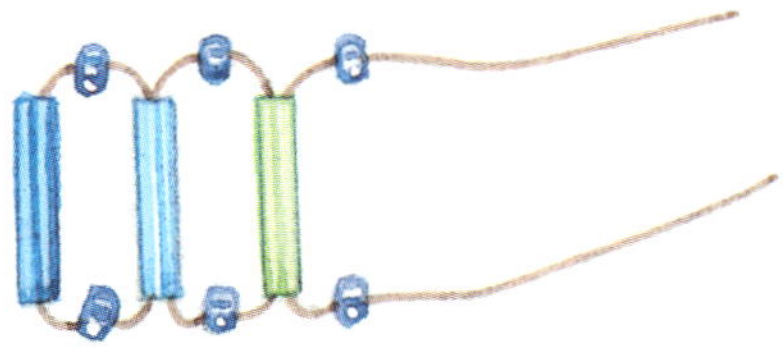

Anneau « satellites »

Selon la technique décrite pour l'anneau plein, réalisez environ 6 rangs de 2 perles, puis 4 rangs de 3 perles. Réalisez ensuite une étoile selon le principe expliqué page 24. Reprenez les rangs en croisant les brins et fermez comme pour l'anneau plein.

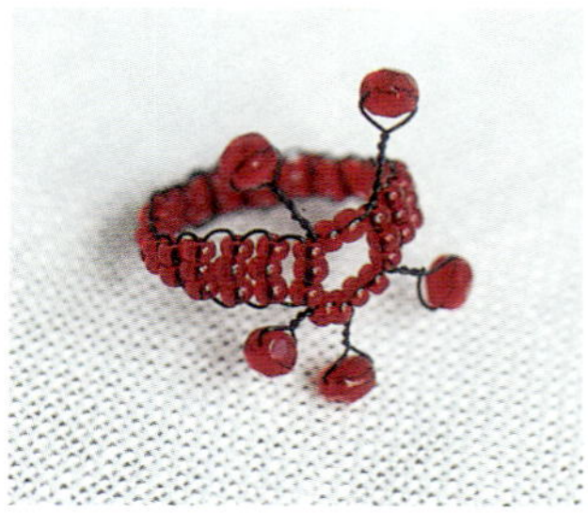

Satellites

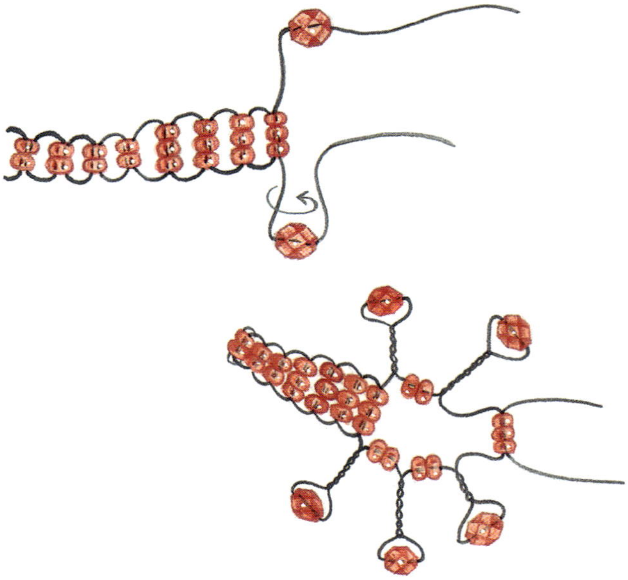

Bagues précieuses (fil de cuivre)

Elles se réalisent facilement avec la technique des fils croisés. Mariées aux rocailles, quelques perles élégantes – perles de cristal taillé en toupie, perles à facettes ou rondelles et barrettes intercalaires en strass – composent les rangs du dessus, qui s'élargissent puis diminuent progressivement pour créer un cabochon. Finissez en adaptant le nombre de rangs de dessous suivant la taille du doigt.

Poème d'Asie

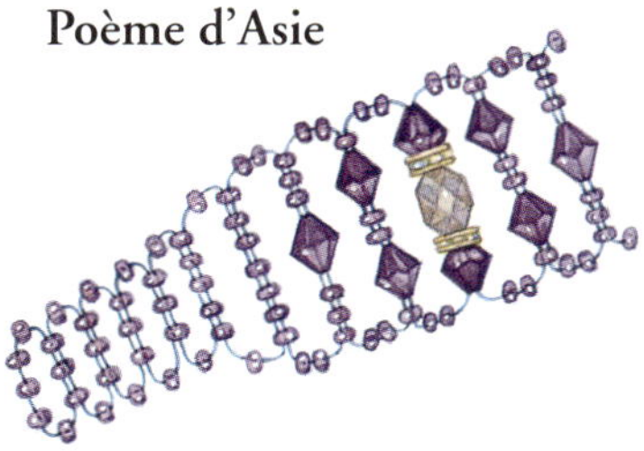

Poème d'Asie

Aigue-marine

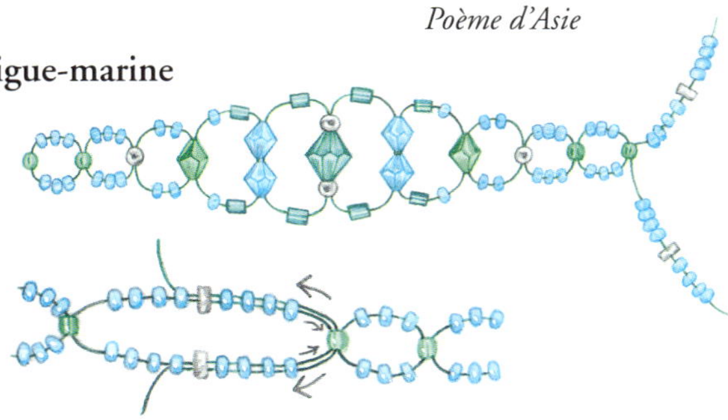

La finition du modèle *Aigue-marine* permet d'adapter facilement la bague à la taille du doigt : enfilez le nombre requis de perles sur chaque brin en intercalant une perle à écraser au milieu. Croisez les brins dans la perle du début et repassez-les dans les perles enfilées précédemment. Supprimez le jeu et pincez les perles à écraser.

Diamants

Diamants

Aigue-marine

Bagues feu d'artifice (fil de cuivre)

Reflets précieux

De nacre et de corail

1 N'hésitez pas à vous servir d'une pince à bijoux ! Prévoyez 2 fils de cuivre de 60 cm et réalisez des « rubans » frangés de 15 à 20 cm : enfilez des perles sur 1 à 1,5 cm et repassez en sens inverse sauf dans la dernière perle. Formez la frange suivante 2 à 3 mm plus loin, etc.

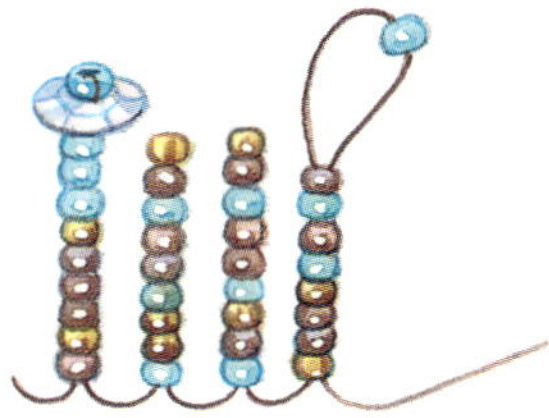

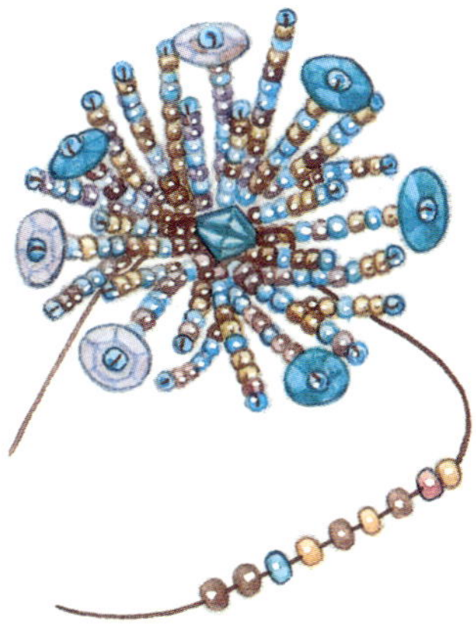

2 Pour la bague *Reflets précieux*, intercalez 1 paillette à l'extrémité de quelques franges. Enroulez le 1er ruban sur lui-même et fixez-le, en entortillant les extrémités du fil. Enroulez de la même manière le 2e ruban autour du 1er. Avec un nouveau fil métallique, fixez 1 grosse perle au centre des franges, enfilez des perles pour former un anneau à la taille du doigt.

3 Traversez la base des franges, faites un deuxième anneau en repassant dans la perle centrale du premier anneau. Vrillez les 2 extrémités du fil, recoupez-les à 5 mm et repoussez-les au centre des rubans.

Bagues fleurs (fil de cuivre)

1 Réalisez une petite fleur (voir page 32) en laissant les fils en attente après avoir attaché le cœur.

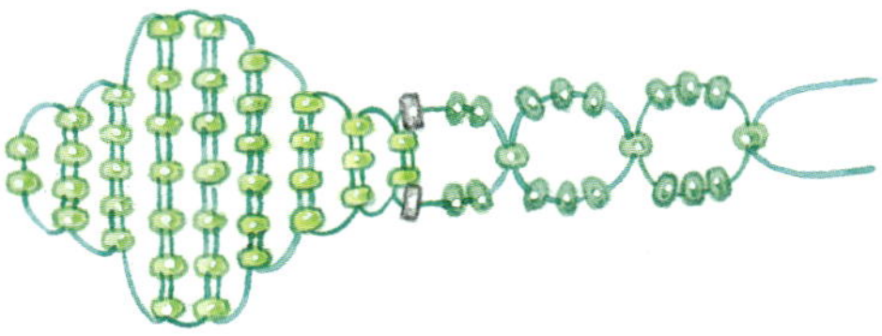

2 Sur un fil métallique de 50 cm plié en U, réalisez une feuille selon la technique des fils croisés. Nombre de perles par rang (calibre fin ou normal) : 2 / 4 / 5 / 7 / 7 / 6 / 4 / 3 / 2. Si le calibre des perles est gros, réduisez le nombre de rangs et de perles.

3 Pour l'anneau, sur chaque brin, enfilez 1 perle à écraser, puis 2 rocailles. Croisez les 2 fils dans une autre perle. Continuez en alternant 3 perles sur chaque brin, 1 perle pour croisement. Quand il ne manque plus que 5 mm à l'anneau pour être à la bonne taille, vrillez 2 fois les brins ensemble puis passez-les dans la feuille entre le 3e et le 2e rang. Passez chaque brin dans une des perles à écraser puis dans les 2 perles suivantes.

4 Essayez. Si la bague est trop petite, ajoutez 1 ou 2 perles après la vrille sur les 2 brins en même temps et fermez l'anneau comme expliqué précédemment. Pincez les perles à écraser délicatement. Recoupez les fils.
Attachez la fleur avec les fils laissés en attente. Vrillez-les. Recoupez-les à environ 8 mm. Enroulez-les pour les dissimuler entre la fleur et la feuille.

Flamenco

Accords baroques

Bague éclats de pierre (fil de Nylon)

Camaïeux turquoise

Au moment du serrage, les éclats de pierre s'imbriquent parfois de telle façon qu'il faut recommencer l'enfilage pour obtenir la bonne taille. Heureusement, ce modèle est vite réalisé !
Le fil de Nylon utilisé doit être suffisamment fin pour passer en triple dans les perles de rocaille.

1 Utilisez une aiguille à perles. Enfilez des rocailles pour former un anneau, d'environ 3 mm de plus que la taille souhaitée, avec au centre 4 pierres encadrées par 2 perles toupies. Repassez le fil jusque dans les toupies.

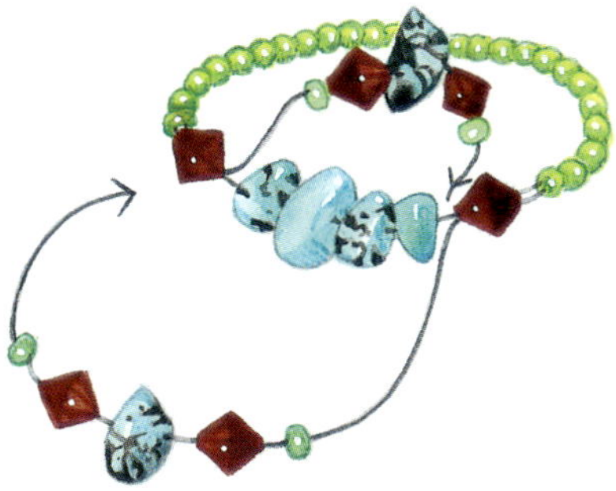

2 Sur chaque brin, enfilez 1 rocaille, 1 toupie, 1 pierre, 1 toupie et 1 rocaille. Repassez chaque brin dans 1 toupie de l'anneau et dans la moitié des rocailles. Serrez, nouez et recoupez les fils. Soudez le nœud à la chaleur d'une flamme.

Bague au cabochon étoilé (fil de Nylon)

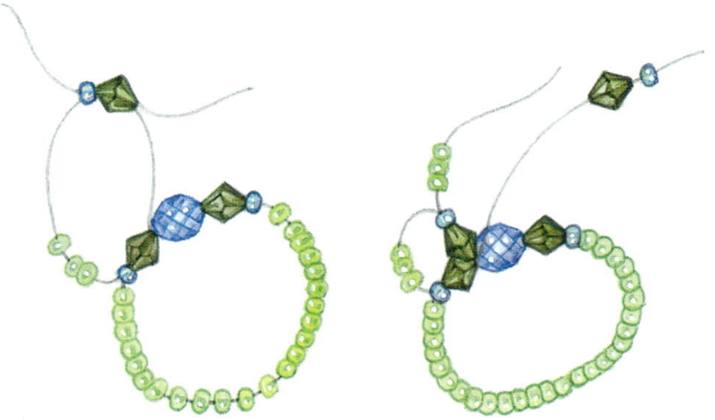

1 Selon la tension du fil, il vous faudra peut-être tâtonner pour obtenir la bonne taille. Au milieu de 60 cm de fil de Nylon fin, formez un anneau un peu plus grand que le doigt en enfilant 1 rocaille bleue, 1 petite toupie, 1 perle ronde à facettes, 1 petite toupie, 1 rocaille bleue puis des rocailles vertes. Croisez les brins dans la 1re rocaille bleue et dans la toupie qui suit.

2 Pour le 1er quartier, sur le brin de l'extérieur, enfilez 3 rocailles vertes. Croisez les brins dans 1 rocaille bleue et 1 toupie. Serrez et faites le 2e quartier de la même manière.

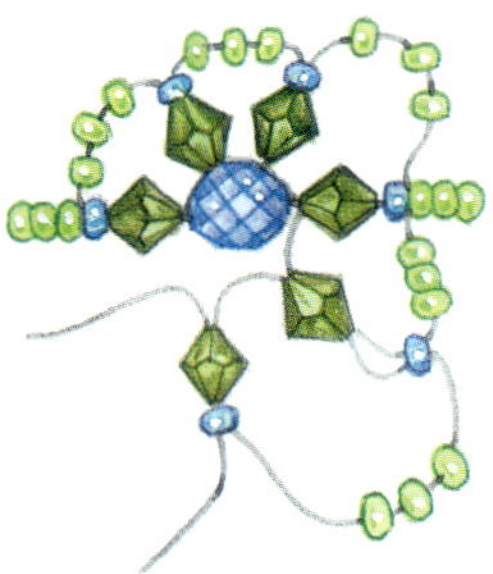

3 Pour le 3e quartier, enfilez 3 rocailles sur le brin extérieur et croisez les fils dans la rocaille bleue et la perle toupie de l'anneau. Réalisez les 4e et 5e quartiers comme le 1er.

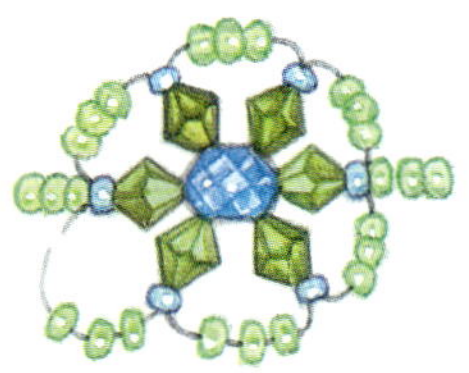

4 Pour finir, enfilez 3 rocailles sur le brin extérieur. Repassez l'autre dans la perle toupie et la rocaille bleue de l'anneau. Serrez bien. Faites un nœud double ou triple puis rentrez les brins dans quelques perles avant de recouper les fils à ras.

Évanescence

Bague bouton
(fil de Nylon)

Grand Nord

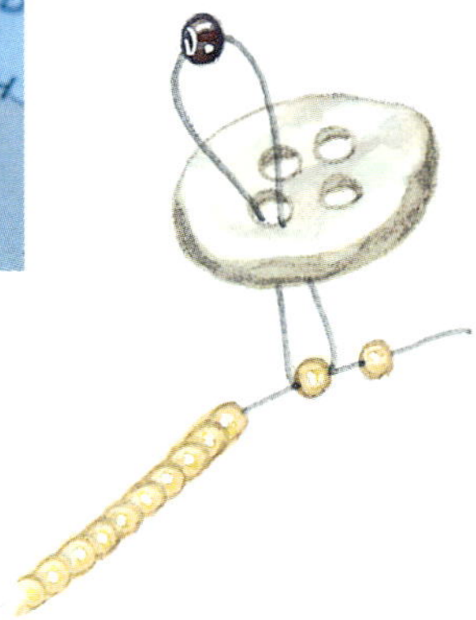

1 Posez un morceau de scotch à 10 cm de l'extrémité d'un fil de Nylon (0,35 mm) de 50 cm. Enfilez environ 2 cm de rocailles. Passez le fil dans un des quatre trous d'un bouton. Enfilez 1 perle prune. Repassez en sens inverse dans le même trou, puis dans le même sens dans la dernière perle sous le bouton. Enfilez 1 perle. Passez dans le 2e trou et procédez de la même manière. Reprenez l'enfilage des perles de l'anneau.

2 Quand il est assez grand, passez le fil dans la toute 1re perle. Doublez l'anneau en reprenant les explications à partir du début. Pour finir, nouez les 2 extrémités du fil et rentrez-les.